今、心が苦しい先生へ

「うつ」と向き合った教師からのメッセージ

菅原　敏

教育開発研究所

はじめに

この本は、精神的に辛くなっている、うつ病になりかかっているかもしれない、またはすでにうつ病と闘っている教師向けに、私自身の経験を書いたものです。

私は、秋田県で20年以上小学校教師をしたのち、休職を経て、退職しました。退職後、約3年がたち、今ではうつ病も完治しています。

私が今、読者のみなさんに伝えたいメッセージは二つあります。

一つは、「うつ病は必ず治る病気である」ということです。私は、長年、うつ病を患ってきました。はじめは、自分がうつ病であることを受け入れられず、「なぜ自分はこうなってしまったのか……」という悲観的な気持ちで毎日を送っていました。そう考えている内は、なかなか状態も良くならず、むしろ悪化していきました。

しかし、自分の中にある、「生きていても仕方がない」「もうどうなってもいい」という気持ちは、病気がそう思わせているのだと考えることができるようになってからは、前向きに治療に取り組めるようになりました。そして、それにつれ症状も徐々に良くなっていったのです。

現在は、子どもたちに関わる仕事をしながら、ふつうの生活を送っています。


この本には、私の病状やその時の気持ちを包み隠さず綴っています。ぜひ、私の経験をみなさんのメンタルヘルスや治療に生かしてほしいと考えています。


もう一つのメッセージは、「退職はうつ病が治ってから決断してほしい」ということです。うつ病を患っているときは、自分を責めたり、自暴自棄になったりします。これは仕方のないことです。

私は、「自分にはもう教師を続ける力はない」「また教師に戻っても偏見を持たれるに違いない」という思いがあり、退職を決断しました。今、退職したことに後悔はありませんが、「やめなければよかった」と考えたことは何度もありました。

あなたが今、「退職したい」と思っている気持ちは病気のせいかもしれません。治ったら、また教壇に立ちたくなるかもしれません。

人生にかかわる大きな決断は、「うつ病が治ってから」にしてほしいのです。うつ病は必ず治る病気なのですから。

平成27年4月

著者

目　次＊今、心が苦しい先生へ

第1章　なぜ教師はうつ病になりやすいのか

●体に違和感を感じ始める（私のうつ病の起こり）

私がうつ病を患ったのは、平成22年のことです。この年、私は４校目の勤務校に転任していました。はじめは、「この学校でも認めてもらえるように頑張ろう」「早くよい学級をつくろう」という意欲を持っていたのを覚えています。

しかし、５月頃から体にさまざまな違和感が出るようになりました。はじめは、「何となくだるい」「疲れる」という症状でした。

それまでは、子どもたちに誘われると休み時間に鬼ごっこなどをしていましたが、誘われてもおっくうで、グラウンドに出て行けないのです。

テストの採点や家庭学習のチェックも、日増しにおっくうになっていきました。以前は、早く採点を終えて子どもと話したり、遊んだりする時間に充てていましたが、期限ギリギリにやっとやり終えるという状況でした。

このころになると、家庭生活にも変化が起き始めました。何をするのもおっくうで、極端に行動範囲が狭くなっていきました。土日の休みにも出掛けたいという気持ちが起きず、家の中でごろごろと過ごすことが多くなりました。そして、日曜日の午後に「明日は学校がある」ということを意識し出すと、ゆううつになります。

6月に入ると、学校のことを考えると日常的にゆううつになり「とくに問題が起こっているわけでもないのにどうしてだろう」と感じていました。

このような心と体の変調があってもこの頃の私は、「自分がうつ病かもしれない」とはまったく考えもしませんでした。いわゆる病識がない状態だったのです。

体のだるさやおっくうさに次いで現れた症状は、夜眠れないことです。夜、寝付きが悪くなり、学校のことを考え始めると、さらに眠れなくなる。たとえ眠れたとしても朝方目が覚め、それから眠れなくなってしまうのです。

いつも眠りが浅く、寝不足のような状態で出勤しました。そのため、出勤しても気分はゆううつで、いつも眠く、体のだるさを感じながら授業をしている状態がずっと続いていました。それでも午後になるとだんだん体の調子がよくなってくるので、「精神の病気ではないか」という疑いはこの段階でも持っていなかったのです。しかし、あまりの体のだるさに「どこかおかしいのではないか」という気持ちが芽生えていました。

６月後半になると、毎日が多忙で周りの職員とゆっくり話をする機会もありませんでした。転任したばかりの私は親しい同僚もいないため、自分の変調に関して誰にも相談できませんでした。このことも私の症状を悪化させる一因になったと考えられます。

❼頭痛・めまいで総合病院を受診（病気の発症から病気休暇へ）

６月半ばを過ぎたころから、体のだるさのほかに、頭痛、めまいを感じるようになってきました。４月当初は、体がだるくても学校に行き、教室に入ると目の前の授業に集中できました。ところがこのころになると、授業をしていても子どもたちと話をしていても体の不調を感じるのです。

最初に私が疑ったのは、脳梗塞などの病気ではないかということでした。その心配が日に日に強くなり、夜もほとんど眠れなくなりました。不眠が続くと、明らかに頭痛がひどくなり、とうとう総合病院を受診しました。

精神の病気についてはまったく疑っていなかったので、「頭痛とめまいがひどいので脳を調べてほしい」と医師に伝えました。病院では、CTやMRIなどの検査を1日がかりで行ったのですが、結局「異常なし」という結果でした。

この病院の結果を受けて少し安心できたためか、頭痛やめまいが少しやわらいだような気がしました。しかし、それも長くは続きませんでした。

●ゆううつな気持ちが襲ってきた

体調不良の次に襲ってきたのは、強いゆううつな気持ちです。とくに何があったわけでもなく、何を言われたわけでもないのに気持ちが晴れないのです。出るのはため息ばかりです。そしてゆううつな気持ちが続くうちに、次第に物事を悲観的に考えるようになっていきました。

私の場合は、だんだん自分の能力が落ちているのではないかという不安や、仕事に対する自信がなくなり、無力感を感じるようになりました。

仕事に対する自信のなさは、おそらく体調不良のために仕事に打ち込めないでいる自分に対する罪悪感やいらだちが関係していたと思います。

体調不良がひどくなるにつれ、集中力がどんどん失われていきました。いつも業間休みに職員室で一息ついて、３時間目の授業に向かいますが、そのとき持ち物を忘れて、何度も職員に取りに帰るようになりました。しかし、職員室に戻ると、今度は何を取りに来たのか思い出せません。まったく集中力がない状態になったのです。

このような状態になると、今まで起こしたことがない小さなミスをいくつもしてしまうようになってきました。それが自信のなさに繋がり、ミスが起こるのが心配で眠れなくなる、そして、さらにミスを犯すという悪循環に陥ってしまいました。

●学級経営にも自身が持てなくなってきた

７月に入ると、体調不良は限界にまで達していました。学校にいる間も、家に帰ってからもだるさや頭痛が取れず、ゆううつな気分が続きます。ひどい日には、椅子から立ち上がるのがやっとで、動悸やめまいを感じながら何とか授業をこなしている状態でした。

自分の体調が悪く、活力がないことは、おそらく子どもたちも感じていたはずです。学級はどことなく落ち着かない雰囲気で、学級のまとまりが感じられなくなってきました。毎日体調が辛そうで、むずかしい顔ばかりしている学級担任では、子どもたちにとっても楽しくないのは当然のことです。

「学級経営こそ教師のやりがい」と感じていた私にとって、これは耐え難い状況でした。そして、学級経営にも自信がもてなくなりました。私は、教師としての自分の力量に対する自信も失いました。同僚の仕事ぶりを見ても「自分には同じようにできない」と感じるようになり、夜布団に入ってから情けない仕事ぶりに対して涙が出るようになりました。

さすがにこのころになって、「自分は精神の病気ではないか」「もう受診するしかない」と考えるようになってきました。

私は教職に就いてから、「授業がある日は子どもたちをおいて学校を休むべきではない」とかたくなに考えていました。しかし、今ふり返るとそれどころではない状況だったと思います。それでも「何とか夏休みまで頑張って、それから病院に行ってみよう」と決心しました。

●診断は「決して軽くないうつ病」

そう決めたおかげで、夏休みまでは何とか乗り切ることができました。夏休みになると少し気持ちが落ち着いてきて大分眠れるようになり、頭痛も治まってきました。「このままゆっくり休めば、治るのではないか」とも思いましたが、夏休み後半になると、また「学校に行けない」「自信がない」という気持ちが大きくなってきました。

そこで、とうとう妻に付き添ってもらい、精神科を受診しました。医師にそれまでの様子を聞かれると、たまっていた感情があふれ、涙が止まらなくなりました。

医師の「ここまでよくがんばりましたね」という言葉で、私の中の緊張の糸がプツンと切れたような気がしました。

診断は「決して軽くないうつ病」というものでした。この日は8月14日。この日から1年半の休職を経て、私は教師を退職したのです。

ここまでが私がうつ病を患って、退職をするまでの簡単な経緯です。さらに詳しい、病状や体の変化、その時の気持ちなどについては、第2章以降に綴っていきたいと思います。

●教師のうつ病増加は深刻な状態

ここからは、うつ病に関わる教師の現状について書いていきたいと思います。

教師のうつ病は急増しています。近年、学校現場の抱える問題は増え、社会問題として取り上げられることも多くなりました。また、度重なる教育改革により教師の仕事は増え続ける一方です。このことも教師のうつ病が増えた一因と言われています。

文部科学省が毎年発表している全国の病気休職

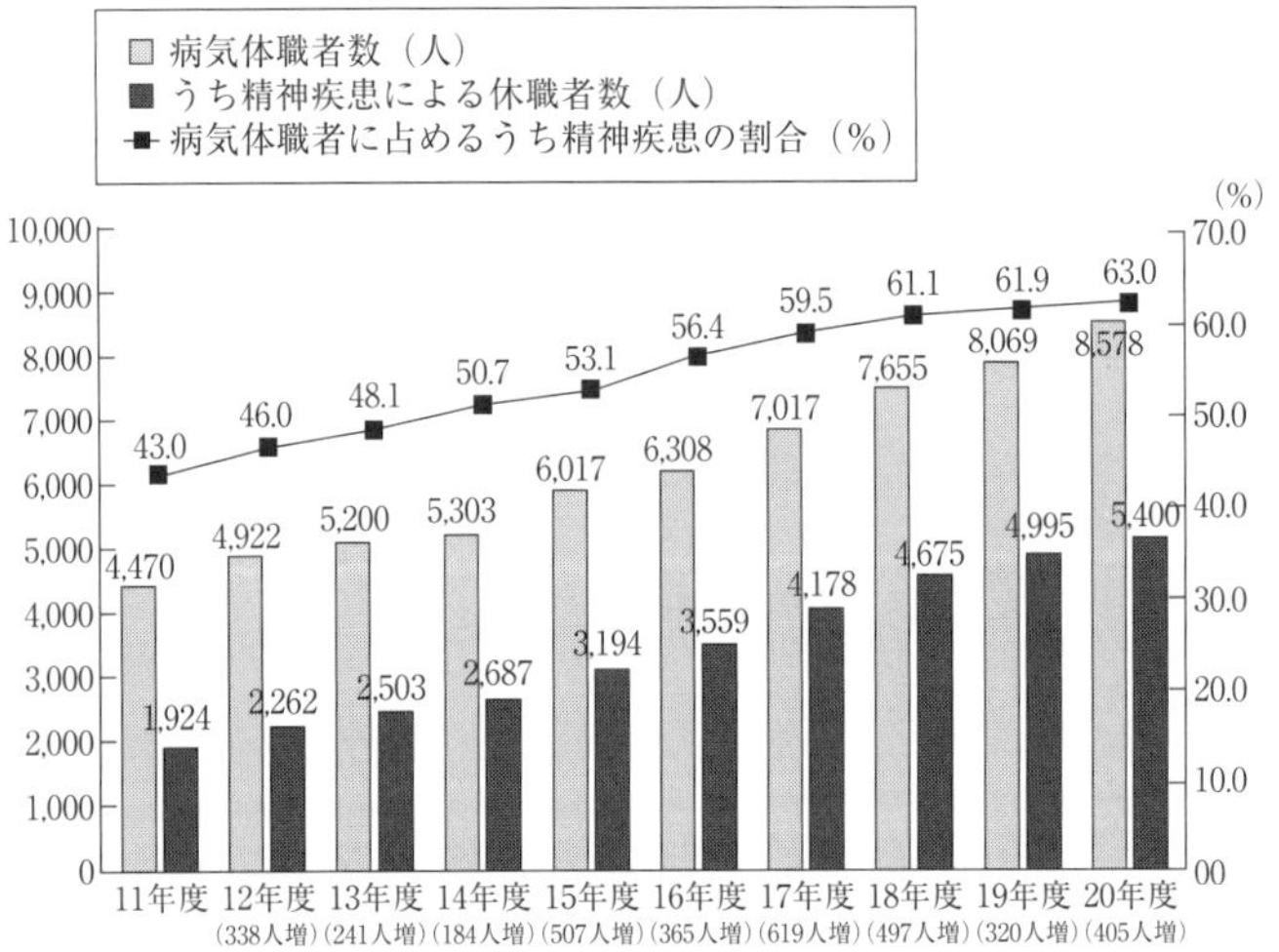

図1　公立学校教師の病気休職者数等の状況（文部科学省による）

者の推移（図１）によると、精神疾患による休職者の割合は、平成14年度に過半数を超えています。その後も増加し続け、平成20年度には63％に達しています。近年の教師がいかにストレスの多い現場で働いているかがわかるデータです。

このグラフは、あくまでも休職に至った教職員の数ですから、精神疾患を抱えながら働いている、あるいは精神疾患になりかかっている教職員の数はこの何倍にも達することが予想されます。

また、２０１４年8月4日付けの毎日新聞には最新のデータが紹介されています。

★『教員統計調査：うつ病など精神疾患で退職教師969人に』

２０１２年度にうつ病などの精神疾患が理由で退職した教員は、国公私立学校（幼稚園から大学まで）で前回調査（09年度）より18人多い969人に上ることが4日、文部科学省の調査で分かった。このうち中学校は前回より30人増えた。公立小中高校などの精神疾患による休職教員は11年度が５２７４人、12年度は４９６０人と年間５０００人前後の高水準が続いており、専門家は「世界一多忙」とされる教員の環境改善の必要性を指摘している。

3年ごとに実施される「学校教員統計調査（中間報告）」で分かった。精神疾患による退職者数を調べたのは前回から。今回は、幼稚園218人▽小学校356人▽中学校227人▽高校124人▽大学38人▽短大6人。中学以外は前回調査と比べ増減はあまりなかったが、中学で前回より30人増えた。全退職者の理由のうち、精神疾患の割合も中学が約２・４％で最も高かった。

　油布佐和子・早稲田大教授（教育社会学）は「中学校は仕事の領域が広い。教科指導の他に特別活動、部活動指導などで、手いっぱいの状況だ。中学1年で不登校が一気に増える『中1ギャップ』に顕著なように生徒指導の課題も多い。教員評価の導入によって、失敗できないプレッシャーもある。人手が足りない状況を解消すべきだ」と話している。

　一方、公立小中高校の退職者数は、公立小1万８００７人（定年退職67％、定年外33％）▽公立中８６８４人（定年退職57％、定年外43％）▽公立高６３０２人（定年退職70％、定年外30％）でいずれも前回を上回った。【毎日新聞２０１４年8月４日】

私自身もうつ病により退職していますが、何人もの面識のある教師が精神疾患により休職したり退職したりしているのを知っています。もはや教師の精神疾患は他人事ではないのです。

教師一人が休職すると、日常の仕事が滞ってしまいます。学級担任の場合はなおさらです。講師を補充したり、校務分掌を変更したりすることも必要になります。
このような点を考えると、教師の精神疾患は、学校運営上にとっても大きなリスクのひとつになっていると考えられます。

●さらに深刻な新人教師の実態

一方で、さらに深刻な事態になっているのが新人教師の病気退職の急増です。２０１４年11月８日付けの産経新聞には以下の記事が掲載されました。

『新人教師の病気退職増　10年前の20倍…精神疾患９割』

全国の公立学校に勤務する１年目の新人教員のうち、病気を理由に依願退職した人数が平成22年度は101人にのぼり、10年前の20倍に増加したことが８日、文部科学省が公表した調査結果で分かった。このうち９割は精神疾患を理由としていた。夢をかなえて希望の職に就いても上司や保護者との関係、子供の指導に悩んで心を痛めて教壇を去っていく教員の姿が浮き彫りとなった。

地方公務員は民間企業の試用期間にあたる条件付き採用期間を6ヵ月間設けているが、教員の場合は1年間と長く、文科省はこの間の教員を対象に調査した。

調査結果によると、22年度に全国の公立学校に採用された教員は2万5743人。全採用数の1・1%に当たる288人が、1年以内に依願退職していた。12年度の依願退職者数は33人で、10年で8・7倍に増加したことになる。

このうち病気を理由に退職した人数は12年度の5人から年々増加し、19年度の103人をピークに高止まりしている状態。病気のうち精神疾患については21年度から調査を開始。21年度は86人中83人、22年度は101人中91人で、病気退職者の大半は精神を患ったものだった。

団塊世代の大量退職に伴う採用増で10年前に比べ、全採用数が2倍以上となっていることを考慮しても多く、文科省の担当者は「仕事の量や保護者対応などイメージとのギャップがあるのだろう。職場での人間関係の希薄さも背景にある」と分析しています。【産経新聞2014年11月8日】

図2のグラフは、1年で教壇を去った新人教員の退職理由の内訳です。

新任1年目からすぐに教師として、教壇に立たなければならないのは昔も今も変わりませんが、新任教師を取り巻く環境は大きく変化しています。現在は、ベテラン教師でさえ、多忙やストレスのためギリギリの状態で働いていることが多いのです。それを考えると、現代は新人教員にとってとても厳しい時代と言えるでしょう。

つぎに、職業としての教師がどうして精神疾患（うつ病など）になりやすいのか、教師の仕事、教師の気質、教師文化などの面から考えてみたいと思います。

●終わりのない教師の仕事

教師の仕事には終わりがないと言われます。実際、毎日しっかりとした授業をしようと思えば、教材研究をする時間が必要になります。

たとえば、子どもたちの興味・関心を高める授業をす

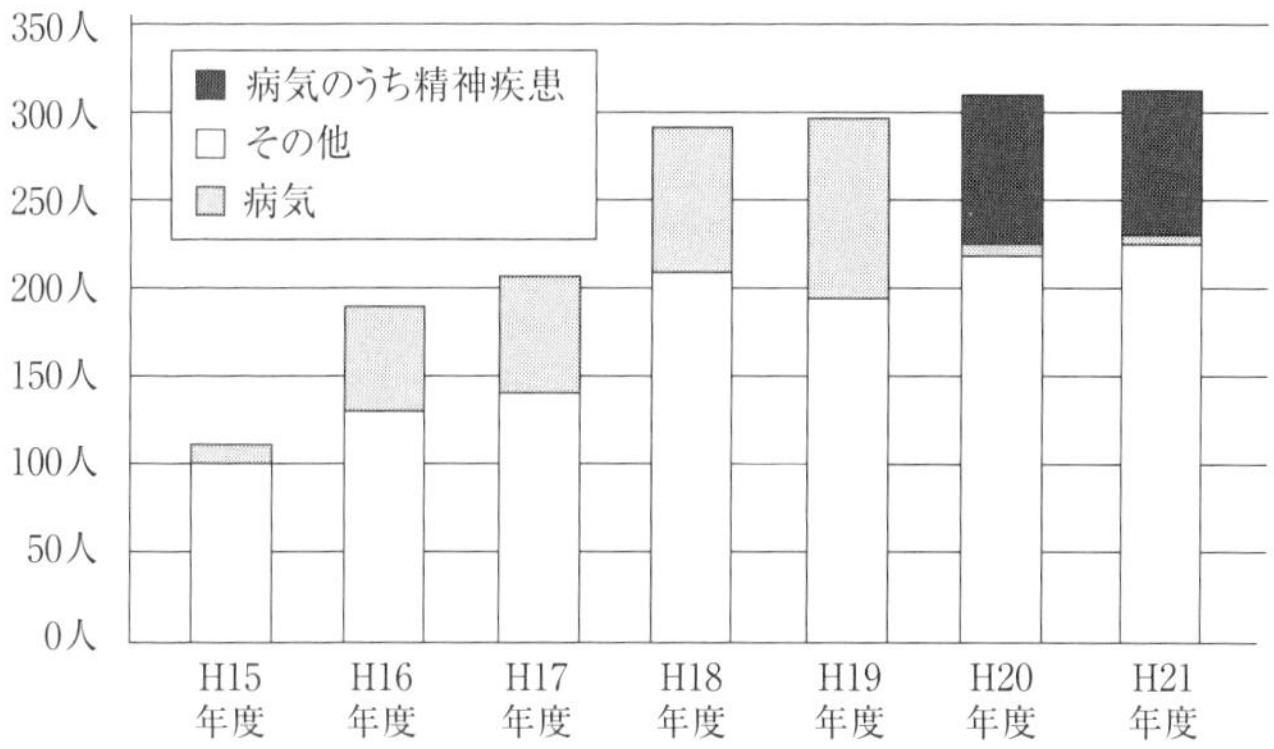

図２　１年で教壇を去った新人教員
（精神疾患の統計は平成20年から）

るためには、教材研究に多くの時間を費やします。図書館に調べ物に行ったり、関係者に取材をしたりすれば、子どもたちにとって質の高い授業がつくれるからです。

しかし、教材研究の他にも生徒指導や保護者対応、文書の処理や校務分掌など膨大な量の仕事が教師にはあります。そして、それらの仕事のほとんどが「ここからここまで」というように線引きをするのがむずかしい性格のものばかりです。

だからこそ、熱心な教師ほど、仕事を家庭に持ち帰り、ノートやテストの採点をしたり、保護者への電話対応をしたりするのです。とくに学期末ともなれば「昨日は朝方まで仕事をしていました」という教師も多いのです。

私は、20代のころは教師の仕事に自分の時間すべてを捧げていました。朝早く学校に着いて子どもたちを迎え、授業が終わるとそのまま部活動を受け持ちました。翌日の教材研究は、部活動が終わってから行います。若手の教師は、毎晩近くの食堂から出前を取って、夜おそくまで仕事をしている状況でした。

教師にとっては、子どもたちが喜ぶ姿を見たり、成長を感じられたりすると日々の苦労も軽減されます。しかし、子どもの成長はすぐに表れるものではなく、むしろ数ヵ月後、数年後に子どもたちの心に響くことも多いのです。だからこそ、日々の仕事に対する手応えがなかなか感じられず、徒労感を感じている教師も多いように思われます。

一方で、真面目な教師ほど、周りの環境に流されやすいという面もあります。自分で「ここまで」という線を引けずに、仕事を引き受けてしまうのです。

学校で新たな仕事が発生したときに、誰も仕事を引き受けたがらないことがあります。そんなとき、真面目な教師は「断るのがイヤだから引き受けてしまう」ことが多いのです。管理職も、難色を示す教師よりも頑張ってくれる教師に仕事を振ってしまうことが往々にしてあります。

したがって真面目な教師ほど、自分の仕事に打ち込み、多くの仕事を割り当てられることが多いため、仕事量が増えてしまう傾向にあります。

●クレームを持ち込む保護者の存在

数年前に「モンスターペアレント」という言葉が流行したように、学校にクレームを持ち込む保護者の存在が教師を悩ませるようになりました。

学校に対して保護者が相談したり、苦情を言ったりということは昔からありましたが、近年は、保護者の要望・苦情が無理難題化し、持ち込み方も直接教育委員会に訴えるなどと、変化を見せています。

私が見聞きした理不尽なクレームや行動には次のようなものがありました。

・学級分けで特定の子どもと同じ学級にするよう（しないよう）要求する。
・「給食費は払う必要がない」と言って、払わない。
・家庭学習について注意すると「子どもの成績が悪いのは、学校の教え方が悪いのだ」と言う。
・授業中に注意されたことで、「子どもが傷ついているが、どうしてくれる」と迫る。
・夜遅く教師の家に電話をし、長々と子どもの話をする。
・親同士がケンカし、自分の子どもと遊ばないでほしいと要求する。
・授業参観の最中に大声でおしゃべりをしたり、ガムをかんだりしている。
・いじめが発生したときなど、担任に言わずに直接教育委員会に電話する。

等々、昔では考えられないような言動が見られるようになりました。ただ、このような保護者はほんの一部で、ほとんどの保護者は常識的です。しかし、その一部の保護者が自分の考えが通るまで要求し続けたり、担任の頭越しに直接、校長や教育委員会に訴えたりするのです。

こうした保護者が一人でも出現すると、教職員や学校はその対応に膨大な時間を奪われてしまいます。その結果、他の児童・生徒のために使う教材研究、生徒指導、部活指導、補習などの時間がなくなり、場合によっては学校全体に悪影響が広まるのです。

このような行動は、担任にとって大きなストレスになります。クレームに対して管理職と協力して対応できればよいのですが、管理職が対応してくれず担任一人が抱え込んでしまう場合もあります。

また、保護者同士のトラブルで起こりがちなのが、担任が板挟みになり、両者からプレッシャーをかけられることです。たとえば子どものいじめ問題が発生した場合、いじめた子の親は学級担任に「日頃からきちんと指導してくれればこんなことにならないのに」と詰め寄ります。いじめられた子の親は、「先生の指導は手ぬるい。もっと厳しく指導してください」とクレームをつけてくるのです。

学校や学級担任は、クレームを持ち込まれてもなかなか反論しにくい面があります。そのため、クレームを持ち込む側も学校に対して強気の態度に出ることが多いのです。

保護者が持ち込むクレームは、一人ひとりの教師に大きなプレッシャーやストレスを与えます。このクレームの問題がうつ病発症のきっかけになることもかなり多いのではないかと考えられます。

●学級担任は、学級に対して強い責任感がある

第2章で書いていますが、私の母はパーキンソン病を患い、他県の専門病院に長く通院していました。しかし、母の状態がかなり重篤になるまで、私はその病院に付き添ったことがありませんでした。なぜなら、「学級担任は、学校がある日は休んではいけない」と強く思いこんでいたからです。

私も周りの教師も、ふだん学校がある日に有給休暇をとる人は極端に少なかったのです。ほとんどが夏休みや冬休みにまとめ取りをします。

教師は、仕事の特性として休みづらい面もあります。たとえば、学級担任が休みを取るとします。とくに小学校の場合は、教師が誰もいないところで自習させるのはむずかしいため、必ず代わりに教室で見守る教師が必要になります。しかも、その教師は、子どもを見ているだけのこと

が多く、自習課題は学級担任が用意しなければなりません。
前もって休む日が決まっていれば自習課題をしっかりと準備することもできるのですが、急な体調不良などの時は自習課題なども揃えられず、「先生たちに迷惑をかけるくらいなら、がんばって学校に行こう」と考える教師が多いのです。
実際、私も体調不良で休んだことはほとんどありません。今考えると、私の場合は「学校を休めない」という固定観念がうつ病の発見を遅らせたとも思えるのです。

一方で、学級担任には、「学級で起こった問題を抱え込んでしまう」という面もあります。この傾向は中学校よりも小学校の教師に多いように思われます。というのも、小学校の教師は、基本的に全教科を受け持ち、学校にいるほとんどの時間を学級の子どもと一緒に過ごすことになるからです。そのため、何か問題が起こった時には「自分の責任」と思い込みやすいのです。

私は長年、生徒指導主事を担当しましたが、その時に困ったことは、学級の問題が大きくなり、学級担任ではどうしようもなくなってはじめて私に報告してくることです。このような時は適切な初期対応が行われていないため、問題が長引いたり、教育委員会にまで話しが及んだりすることも多いのです。

問題がこじれた場合、もっとも追い詰められるのは学級担任です。そして、問題が大きくなると管理職のなかには、保護者や教育委員会の顔色をうかがい、担任に対して厳しい叱責をする人もいます。このような場合、担任はより追い詰められることになります。

●学校や教師に対する社会の厳しい目

保護者のクレームの内容や持ち込まれ方が変化してきていることは前述しました。この変化には、教師への尊敬の念が薄れたことも一因であると考えられます。

昔、教師は尊敬の対象として見られる時代が長く続いていました。「先生の言うことはきちんと聴きなさい」「あの先生に任せておけば間違いない」など、教師に対する信頼は厚かったのです。しかし近年は、教師への尊敬の念が薄れてきています。

保護者が高学歴化することによって教師への見方は厳しくなり、教師の不祥事がたびたび報道されることによって「教師＝聖職」という価値観も薄れてきています。

また、学校が苦情を持ち込みやすい場所になっているという側面もあります。

こんなことがありました。学校の近くのコンビニエンスストアから電話がきて、「子どもたちが駐車場で遊んでいるからすぐに来て注意してほしい」というのです。このような連絡が入ると、すぐに教師がその場に向かい、子どもたちに注意しなければなりません。

他にも、「近所で遊ぶ子どもの声がうるさい」とか、「通学路で寄り道をしている」などの電話が入るたびに、教師はすぐに駆けつけなければなりません。

なぜこのような苦情まで学校に持ち込まれるようになったのでしょうか？　それは、学校が反論をしないという側面があるからではないでしょうか。

近所の子どもがうるさいのなら、その場にいる大人が遊び方を教えてあげるべきです。しかし、地域からは子どもたちを共に育てるという意識や機能が失われ、学校に丸投げする状況が生まれているのです。

また、社会で「説明責任」が問われるようになってから、学校も「社会に説明できる」ということに過剰に反応するようになりました。もちろん、きちんと説明できるようにしておくことは必要ですが、「子どもたちを育てる」ということからピントがずれてしまっていることも多いのです。

たとえば、個人情報の保護という意味合いで、「学級の連絡網に電話番号を載せたくない」という保護者がいます。このようなときは、学校は「載せてください」とは言いづらい状況になっています。

そのため、学級連絡網で連絡するときは、電話番号を載せていない家庭には学級担任が直接電話することになります。非効率的ですし、緊急の連絡なのに時間がかかりすぎてしまいます。

公園や学校の遊具でケガをした事故が報道されると、全国の学校から一気にその遊具が消えてしまったりします。確かに事故の危険性が高い遊具は撤去する必要がありますが、そうでないものまでなくなってしまうのです。

本来は、正しい遊び方を指導することが学校の責任です。しかし、学校や教師は、社会の目を意識しすぎて萎縮し、「なるべく問題の起こらないことをする」という消極的な教育活動をするようになってしまっているのです。

●教育改革が進み忙しさがピークに！

学校が対応を求められる課題は増加の一途をたどっています。いじめ、不登校などの生徒指導面や読書、英語教育、学力向上などの学習面、さらには地域の安全や人材活用に至るまで、あらゆる課題を抱え込むようになってしまっています。

そして、１９８０年代以降の様々な教育改革が学校の多忙化、学校経営の複雑化に拍車をかけています。

私が教師になってからの最も大きな変化は、学校週５日制の導入でした。それまでは、土曜日の午前中も授業をしていたわけですから、「少しはゆとりが生まれるかも」という期待がありました。しかし、実際には土曜日に行っていた分の仕事が平日に上乗せされる形になり、平日の仕事量が増大しました。具体的な変化としては、「子どもたちと遊んだり、話したりする時間が減った」ということです。

当時、まだ若かった私は、子どもたちとできるだけふれあいたかったのですが、会議やこなさなければならない仕事に追われ、子どもたちとあまりふれあえなくなったことがとても残念に思った印象があります。

その後、生活科や総合的な学習の導入、ゆとり教育の開始など、さまざまな教育改革が行われるたびに、仕事はどんどん増えていったのです。

教師の仕事は大きく二つに分けられます。子どもたちが学校にいる間にする仕事と、子どもたちが家に帰ってからする仕事です。

矢継ぎ早に教育改革が行われるようになってからは、学級の事務や会議、提出書類の処理など、子どもたちが家に帰ってからする仕事が確実に増えています。

教師の本分は「学校生活や授業を通して、子どもたちを育てる」ことですが、子どもたちとふれあう時間がどんどん減り、その他の仕事が増えているのが現状です。

これでは、「子どもたちをしっかり育てたい」という希望に燃えている教師ほど、ストレスを抱えてしまうはずです。

●教師同士の人間関係が原因になることも

教師は「聖職」と呼ばれることもありますが、決して人間的に優れた者の集まりではありません。ですから他の職場と同様に人間関係の問題も起こります。

とくに教師は、数年に1回、学校を異動します。その度に一から人間関係をつくる必要があるため、新しい学校に異動したときには、心理的な負担がかかります。私がうつ病を発症したのも、異動して1年目でした。

学校にはそれぞれ校風があり、管理職の考え方や学年主任の考え方も異なります。もし、学年主任が「学校に遅くまで残ってでも、学年の仕事をしっかりやる」という信念の持ち主であれば、所属する学年教師は家庭に都合があっても残業しなければなりません。小さい子どもがいたり、介護しなければならない親がいたり、それぞれに事情があったとしてもなかなか言い出せないものです。

また、教師の文化として「夜遅くまで仕事をしている教師は立派」というものがあります。教師の仕事には終わりがありません。いくらやってもきりがないほど仕事がありますので、早く帰る教師は、「仕事の手を抜いているのではないか」という目で見られる傾向があります。

実際、私も若いころは、朝一番に学校に来て、最後まで仕事をするタイプでした。今ならそれぞれの教師にも事情があることが分かりますが、その頃は同僚に対して「もっと仕事に打ち込んでほしい」と不満を持ったこともありました。

このような仕事に対する考え方の違いも心理的なストレスになるのです。

また、教師、とくに学級担任は、〝一国一城の主〟のような環境にあります。そのため、自分のやり方にこだわりがあるタイプが多く、他人の考えややり方をなかなか受け入れられないところがあります。

自分のやり方に自信を持ち、こだわりが強い人ほど孤独になりやすい傾向があります。

●心を病んで休む教師へのイメージが治療や回復を遅らせる

一般社会のなかでも、精神疾患に対する偏見はありますが、教師集団のなかにも偏見が存在しています。

私は、自分が精神を病んでいるのではないかと感じても、なかなか病院に行けなかったのは、精神科を受診することに大きな抵抗があったためです。

私が教師になってから、同僚の何人かが精神疾患で休職しましたが、その人を見る周りの目が、偏見を伴っていたことをはっきりと覚えています。

たとえば、休職した経験がある教師に対して「もう、学級担任は持たせられない」とか「むずかしい仕事には就けられない」という具合です。偏見は保護者にもあり、「あの先生はうつ病になった」などという噂はすぐに広まってしまいます。

このような経験をしているため、私も休職したときは「もう自分の教師としてのキャリアは終わりだ」「これまでと同じようには働けない」という思いがありました。
また、休職者に対するこのようなイメージは、うつ病の治療や回復を遅らせてしまいます。私の場合も精神科の受診が遅れたのはもちろんのこと、治療中の精神状態にも悪影響を及ぼしました。

うつ病の治療のひとつには休養があります。学校のことを忘れ、ゆっくりと心を休ませなければならないのです。しかし、家の外に出ると、「誰か保護者と会ってしまうのではないか」「自分は知らなくても相手は知っているのではないか」と思うと、どこにも外出できませんでした。マスクやサングラスをすると何とか外出できますが、心は安まりませんでした。

今やうつ病は誰もがかかりうる病気です。最近はそのことがかなり理解されてきましたが、まだまだ不十分です。とくに学校は閉鎖された社会です。
今後はうつ病は治るということ、うつ病を患っても復帰できるということをさらに広めていく必要があると考えます。

●学校以外の問題がうつ病のきっかけになることも

この本は教師のうつ病について書いていますが、うつ病の原因は必ずしも仕事のストレスだけではありません。さまざまなストレスが複合的に絡み合い、うつ病を発症させることの方が多いように思われます。

私がうつ病を患ったのも、仕事の忙しさはもちろんですが、同時に母親の介護問題が大きな要因になっていたと思います。

とくに40代以降の教師は、それぞれ家庭にむずかしい問題を抱えていることが多いです。子育ての問題、親の介護問題など、さまざまです。それぞれの問題は軽微なものであっても、家庭のこと、仕事上のことが積み重なると、心に大きな負担がかかります。それが何年も継続的に起こっていれば、心はだんだん疲弊していくのです。

そんなときに学級で大きな問題が発生したり、保護者から強硬なクレームを受けたりしたことがきっかけで、うつ病を発症してしまうこともあるでしょう。

だから、何か心に変調を感じたり、夜眠れなかったりしたら、軽く考えないでほしいのです。

注意深く自分の体調を観察し、病気の兆しを感じたら、ためらわずに受診してほしいと思います。

現代は、さまざまなストレスが充満しています。自分を守るためにも、自分の心と体の変化に敏感であってほしいと思います。

《コラム》

バーンアウト（燃え尽き症候群）とは

近年話題になったバーンアウト（燃え尽き症候群）は、抑うつ状態（ストレスや身体的な状態などが原因で気分が落ち込み、身体のあちこちに不調があらわれる状態）の一つです。

バーンアウトという言葉は、１９７０年代半ばにアメリカで提唱されたもので、仕事に熱中する内に消耗し、自己嫌悪や無力感に陥り、仕事を続けられなくなる状態をさします。

一般的に、バーンアウトに陥りやすい人の特徴としては、①ひたむきで仕事熱心、②妥協を嫌う完璧主義、③理想主義などを挙げられています。

これを教師にあてはめると、子どもに熱心にかかわったり、理想に燃えて仕事に取り組んだりすることです。このような姿勢は教師に最も求められるものですが、バーンアウトはこうした真面目で、仕事熱心な教師ほど陥りやすいのです。

バーンアウトを引き起こす条件には二つあります。

一つは人を相手にする専門的な仕事に就いていること。ソーシャルワーカー（社会福祉士、精神保健福祉士）や医師や看護師、教師や公務員など、社会からの期待度が高く、仕事への献身を求められる職業に多いと言われています。人を相手にする仕事だけに、「ここまでやればよい」という線引きがむずかしいことが共通しています。

もう一つの条件は、精力的に仕事に取り組んだにもかかわらず、期待どおりの結果や成果が得られなかった体験をすることです。一生懸命がんばっても報われない体験が重なると達成感や満足感を得られず、挫折感を味わい、燃え尽きた状態になってしまうのです。

私も休職する前の数年間はバーンアウトの状態だった気がします。学級経営が満足のいくものであってもそれは当たり前のことで、誰もほめてくれません。４月からは何ごともなかったように新しい学級が始まるのです。

子どものために一生懸命対応しても保護者からのクレームを受けることもあります。教師の仕事は、一歩間違えばバーンアウトにつながりかねない精神的にハードなものです。

このようなバーンアウトの予防策は、必要以上に自分を思い詰めないことだそうです。自分を否定してしまう思考なら、それを少しずつ肯定する思考に変えていくことが大切だと言われます。

気分転換をしたり、相談できる同僚をつくったりして、リラックスできる環境を整えることも必要なことです。

第2章　自ら選んだ教師の道

●うつ病は、生い立ちや考え方に影響される

うつ病に関して「真面目な人はうつ病になりやすい」とか、「物事をポジティブに考えるようにしなければならない」などと言われることがあります。このことは、うつ病は本人の性格や考え方によって症状が左右されるということを表しています。

約5年間うつ病と付き合ってきましたが、私もこの考えには強く同意します。私の性格や考え方がうつ病を発症させる原因になり、さらに症状を悪化させることにつながったのだと思っています。

うつ病の治療に、認知行動療法というものがあります。

認知行動療法とは、私たちのものの考え方や受け取り方（認知）に働きかけて、気持ちを楽にしたり、行動をコントロールしたりする治療方法です。つまり、それまでのうつ病になりやすい考え方を、うつ病になりにくい考え方に変えていくということです。

具体的な治療法については第5章で詳しく述べますが、本人の考え方や性格がうつ病に影響を与えていることは明らかなのです。

本章では、うつ病になりやすい私の考え方や性格がどのように形成されてきたのかについて書いてみたいと思います。これは私の生い立ちとも深く関連していると思われますので、うつ病を生む要因となった体験、その時の気持ちなどをできるだけ詳しくお伝えしたいと思います。

●母親の背中を見て育った子ども時代

私は、母が38歳、父が46歳の時に生まれた一人っ子です。家族は父親、母親、母方の祖母の4人暮らしで、私が生まれたとき、祖母はもう75歳を過ぎていました。

父は、大きな病院の検査技師をしていて、単身赴任のため週に一度帰ってくる状態でした。母は結婚してすぐに、魚や野菜などの食料品を売る商店を始めました。ちょうど高度経済成長のころで、お店はとても繁盛していたそうです。

高齢になってからの一人っ子ということもあり、母は私をとても大切に育ててくれました。父親がほとんど家にいなかったため、子育てと商店の切り盛りを一人でこなしていました。

母は、朝4時に起きて、市場に仕入れに行きます。そして、夜の9時ころに閉店するまで、商店の仕事と家事を休みなくこなしていました。

私の面倒は、いつも祖母が見てくれました。あやとりやお手玉などで遊んでもらった記憶があります。小さいころの私は、よく泣く、恥ずかしがり屋の子どもでした。

小学校の高学年になったころ、祖母の体調が悪くなりました。すでに85歳を超えていて、家の中を歩くのがやっとという状態でした。心臓に持病があり、何度か発作を起こすうちにたちまち弱っていき、ほどなく寝たきり状態になりました。

母親は5人姉妹の末っ子でした。しかし、4人の姉たちは「祖母と暮らすことはできない」ということで、母は結婚したときに祖母を引き取って一緒に暮らし始めたそうです。

商店の仕事をしながら、祖母の介護をするのは大変な苦労だったと思います。食事の世話からトイレやお風呂の世話まですべて一人で行っていました。私は、ずっとその様子を見ながら育ったのです。

●大好きだった祖母の死

中学に入ったころには、祖母はほとんどしゃべらなくなりました。母は介護と商店の仕事でいつも疲れた様子でした。そのことで母の姉たちに介護の手助けを頼んだこともあったようでしたが、結局だれも助けにくることはありませんでした。

祖母が亡くなる前の1年間は、夜中に起こされて排泄の世話をしたり、痛いところをさすったりで、ほとんど熟睡したことがなかったのではないかと思います。

この時代は、介護保険やヘルパーさんに来てもらったりする方法もなかったため、介護のすべてを家族でまかなうほかありませんでした。

祖母はそれまでも何度か入院をしていましたが、口癖のように「死ぬときは家にいたい」といっていました。母はその願いを叶えようとしていたのです。

最後の1ヵ月ほどは、祖母はほぼ意識のない状態で、ほとんど食事をしませんでした。全身がむくんで、もう手の施しようがないことは私も感じていました。そして、とうとう私が中学2年生の時に祖母は亡くなりました。大好きな祖母の死はとても悲しいものでしたが、母のことを考えると少しほっとした気持ちもありました。

介護の苦労のためか、母はこのころから不眠に悩まされ、睡眠薬を常用するようになっていました。夜中にいつも祖母に起こされていたことが影響したのかもしれません。

●祖母の死後も母の苦労は続く

祖母が亡くなってから1年ほどして、父が定年を迎えました。父は糖尿病の持病があり、毎日インスリンの注射をしなければならない状態でした。このあと、父が亡くなるまでの15年間、入退院や手術を繰り返し、母は父を看病しながら、店の仕事を続ける毎日でした。

看病と店の仕事で忙しかった母の唯一の楽しみは私の成長でした。とくに私の教育には熱心で、塾に通わせたり、家庭教師をつけたりしてくれました。ただ、高校生になったころには、この年頃の男子と同じように、母とはあまり話をしなくなっていました。このことは母にはとても寂しかったのだろうと、今なら想像できます。

そして私が高校を卒業するころ、母の体に変化が起こりました。「手が震えて、字が書けない」というのです。その震えはだんだん大きくなっていきました。

しかし、どこの病院でも、「疲れがたまっています」「神経の病気でしょう」などと曖昧な診断ばかりが繰り返されました。

病院を回り始めて1年、ようやく母の病気は「パーキンソン病」であることが判明しました。当時はあまり知られていない病名でした。

病院の先生によると、「完治する病気ではありません。薬で症状を抑えながらやっていくしかありません。だんだんよい薬も開発されてくるはずです」という話でした。不治の病。先生の話を聞きながら、私も母も同じことを思ったのだと思います。診断結果を聞いて、私たちはとてもくらい気持ちになりました。しかし、薬を飲み始めたことで手の震えや不眠といった症状は大きく改善されたのでした。

●教える楽しさに目覚めた家庭教師のアルバイト

高校を卒業した私は、岩手大学人文学部に入学しました。とくに将来の夢は決まっていませんでしたが、「早く親元を離れたい」という気持ちはありました。

母も、パーキンソン病という診断は受けたものの、薬を飲んでいればそれほど生活に支障はなく、店も続けていました。内心では、地元にいてほしいという気持ちだったと思いますが、私の気持ちを尊重して送り出してくれました。

大学では法律や経済を中心に学ぶことになりました。勉強の内容にはあまり興味を抱けませんでしたが、親元を離れたことの開放感を味わうことができました。

大学に入学して半年ほどが過ぎたころ、将来のことなどほとんど描けていなかった私に転機が訪れました。それは、家庭教師のアルバイトをしたことです。

中学時代、家庭教師をつけてもらった経験があったので、「アルバイトをするなら家庭教師かな……」という程度で始めたことでしたが、初めての家庭教師は今でも覚えています。生徒は中学校2年生の男子生徒で、1回2時間、週2回のアルバイトでした。

他のアルバイトに比べて時給もよく、1時間を過ぎたころにお茶とおやつを出してもらったり、夕食をごちそうになったりもしました。

もちろん教えることも楽しかったのですが、生徒と話をすることも喜びでした。

一番やりがいを感じたのは子どもの成績が上がることで、それを喜んでいる子どもの姿を見ることでした。その様子を見ると、「もっと成績が伸びるようにがんばろう！」と思えるのです。

それから、家庭教師の回数を増やし、すぐに5人ほどの生徒を見るようになりました。家庭教師の仕事はとてもおもしろく、やりがいを感じていました。

●教師になることを考えはじめた塾講師時代

大学2年生のとき、友人から塾講師のアルバイトを紹介されました。「もっと子どもたちを教えたい」と思っていた私は、すぐに塾講師を始めることにしました。

私の担当は中学生の数学で、1回5時間程度教えることになりました。それまでの家庭教師の仕事は、子どもと1対1でわかるまでじっくり教えることができました。それに対して、この塾では一斉授業をすることになりました。

子どものころから内気だった私は、大勢の前で話すことがとても苦手でした。いつも小さな声で、ぼそぼそと話す方で、人の顔をしっかり見ることもできませんでした。

塾講師を始めて2週間ほどは、ベテランの講師の授業を手伝う形で参加していましたが、それを見ているうちに「もっとこう教えたらいいいんじゃないか」と思うようになっていました。

それからだんだんと授業を任されるようになり、元来まじめな性格だった私は、授業内容をしっかりと予習して授業に臨んだのです。生徒の中には生意気な男子生徒も数名いましたが、しっかりと授業をすればきちんと聞いてくれました。

授業の中で質問をすると、手を挙げて答える生徒がいて、それを聞いてちゃかす生徒もいます。誰かがおもしろいことを言えば全員が笑います。塾には家庭教師と違った教える楽しさがありました。

このころから私は、「子どもたちに勉強を教えることを仕事にしたいなぁ」と漠然と思うようになりました。

●教師をめざして教育学部へ編入

充実した大学生活を送っていた私に、母から電話が入りました。

いつも店に来てくれる小学校の先生が、秋田大学教育学部への編入を勧めてくれているとのことでした。

「教職は、やりがいのある仕事だから、もし興味があるなら、編入のための試験があるから受けてみたら」という話だったそうです。

一人っ子の私をかわいがって育ててくれた母にとっても、息子が自宅から大学に通えるようになることは、とてもよい話に思えたようでした。

ちょうど子どもたちに教えることにやりがいを見出していた私は、この話を聞いて「学校の先生になってみたい！」と思うようになりました。

そして編入試験に無事合格し、翌春からは秋田大学教育学部の3年生に編入しました。教育学部を卒業すれば、小学校と中学校の教員免許を取ることができることがわかりました。

そこで私は、小学校と中学校の社会科の免許取得をめざすことにしたのです。

●教職への道を決意させた教育実習

塾講師などを経験したおかげで、人前で話すことにはだいぶ慣れてきてはいたものの、引っ込み思案で内気な性格はそのままでした。しかも3年生からの編入だったので、大学のクラスメイトの輪になかなか入れませんでした。

そうこうしている大学3年の秋、教育実習に行くことになりました。

教育実習は秋田大学教育学部付属小学校で行われ、私の配属は6年生。教育実習生が多い時代だったこともあり、1クラスに8名ずつが配属されました。

はじめは、子どもたちと仲よくなれるか、他の実習生とうまくやれるか不安もありましたが、すぐにその不安は解消されました。教育実習は、塾講師以上に楽しかったのです。塾の講師が子どもたちと関わるのは、当然勉強のことだけです。それに対して、小学校では一日の生活すべてに教師が関わることになります。

朝、クラスに入ると子どもたちが近寄ってきていろいろ話しかけてくれます。「先生は大学でどんなことを勉強しているの？」とか、「休み時間になったら一緒に鬼ごっこしようね」など。内気な性格で、リーダーシップがあるわけでもなかった私にとっては、子どもたちに頼られたり、声をかけてもらったりすることがとても新鮮でうれしいことでした。

一番の思い出は、教育実習の最後のお別れ会です。今思うといつの間に準備をしてくれていたのかと思いますが、実習生一人ひとりに手紙と首飾りをプレゼントしてくれました。最後はみんなで合唱しました。人前で感情を出すことが苦手な私も、涙をがまんすることができませんでした。

私は、この2週間の教育実習で「絶対に教師になる！」という思いを強くしました。

●毎日が楽しく充実していた1年目

平成3年3月、大学を卒業した私は、秋田県の北部にある大館市で小学校教諭として採用されました。

秋田市から大館市までは、車で3時間ほどかかるため、アパートを借りて一人暮らしを始めることになりました。母親は、先生になったことを喜んでくれましたが、本当は実家から通える秋田市での採用を願っていたと思います。母が同居を望んだ理由の一つはパーキンソン病の不安があったからだろうと思います。

薬を飲んで落ち着いてはいましたが、徐々に手の震えは大きくなり、緊張すると体全体が小刻みに震えるようになっていました。母は、店を一人で切り盛りしてきただけあって、いつも明るい笑顔がトレードマークの人でした。しかし、おそらくパーキンソン病の影響で笑顔を見せることも次第に少なくなっていました。

母の病気のことは気にかかっていましたが、私は学校の先生になれたことの喜びでいっぱいでした。

先生としてはじめての4月。私は小学3年生の担任になりました。今でもはっきりと覚えています。男子12名、女子12名、合計24名の子どもたちでした。

この学校は全校児童250名ほどで、大館市の中心部から離れた、自然がいっぱいの学区でした。学校の裏には、山や田んぼがあり、すぐそばにはスキー場もありました。すばらしい環境の中で子どもたちは元気いっぱい生活していました。

当時は、秋田県の教員の採用人数が多く、20代の先輩教員がたくさんいました。飲みに連れていってもらったり、休日には一緒に遊びに行ったりすることも多く、先生たちともすぐに打ち解けることができました。

こういう田舎の学校の特徴的なことの一つが、〝地域や保護者との関わりが深い〟ことです。学校に赴任するとすぐ、学校での歓迎会の他にＰＴＡでも歓迎会を開いてくれました。運動会では保護者のための種目があり、夏祭りやミニかまくらづくりといった地域と合同の行事もありました。

また、大館市では小学生の部活動を教師が担当していました。野球部やバスケット部、陸上部、冬になるとノルディックとアルペンのスキー部もありました。したがって、高学年の子どもを担任すると、朝、子どもたちと教室で会い、そのまま放課後も部活動でいっしょに過ごすことになります。

田舎の小さな学校では、一日の大半を子どもたちと一緒に過ごします。このころの私の生活を少し紹介しましょう。

まず朝7時には学校に向かいます。もちろん一番乗りです。

学校に着くと、早く登校してきた子どもたちとグラウンドでサッカーをします。このころはJリーグが発足したころでサッカーは大人気。若くて体力があった私は、朝からサッカーをしていました。

業間休みも昼休みも子どもたちとサッカーをし、授業を終えると、今度は部活動へ。私は水泳部と陸上部とスキー部を担当していました。部活の練習は基本的に日が暮れるまでです。小さい学校なので体育館の割り振りもなく、好きなだけ練習ができました。

部活動が終わってからやっと次の日の準備や教材研究の時間です。近所の食堂から出前を取り、先輩の先生たちとおしゃべりする時間がすごく楽しかったのを覚えています。

学校の先生になって1年目。毎日が楽しく、充実していました。

●部活動が一番燃える

学生時代の私は、部活動に燃えるタイプではありませんでした。サッカーや陸上競技などをしていましたが、目立った成績を収めたこともありませんでした。

そんな私でしたが、部活動の指導には燃えていました。先ほども書いたように、夏は水泳部と陸上部、冬はスキー部を担当していました。

部活動は、ふだんの勉強とは違って、競う対象が明確で結果も見えやすいため、部活動にのめりこむ教師も多いのです。実際、中学校や高校の先生の中には「人生を部活に捧げています」と言うほど夢中になっている人もいます。

小学校でも部活動の練習は過熱していました。他校の水泳部の担当者とも顔見知りになり、「どんな練習をしているの？」「今年の子どもたちのタイムはどのくらい？」などと情報交換をするようになりました。

水泳部では年に3回、大きな試合がありました。市の大会、郡市の大会、県大会です。水泳競技ではやはり自由形のリレーとメドレーリレーが花形で、しかも燃えます。

子どもたちに実力がついて、リレーで勝てるようになると俄然、試合がおもしろくなってきます。保護者も子どもに期待するようになり、子どももそれに応えようとがんばります。みんながリレーで勝つ瞬間を求めて、練習にも熱が入ってくるのです。

私が大館市の学校に赴任して5年目。水泳部に県大会優勝のチャンスが訪れました。4年生から3年間、厳しい練習をしてきた子どもたちが6年生になったのです。その年の練習はとくに熱が入りました。小学生ですが、天気の良い日は、まだ気温の低い5月から練習を始めました。部室にはストーブを焚いて、1本泳いでは暖まり、また泳ぐという練習でした。

例年の優勝タイムから考えると、市の大会、郡市の大会は問題なく勝つことができます。うまくいけば県大会で団体優勝することも可能に思えました。ですからこの年は本当によく練習しました。子どもたちも本気で勝ちたいと思っていましたし、保護者は子どもたち以上に期待していました。

もちろん私も「絶対勝ちたい！」と思っていましたので、放課後は毎日3時間以上（当時は土曜日も授業がありました）、日曜日も練習しました。夏休みも含め、ほとんど休みませんでした。

そうして自信をもって臨んだシーズン。市の大会、郡市の大会は実力どおりに優勝。そして県大会へ進みました。県大会が行われる秋田市は大館市からは遠いので、全員で前日から宿泊をして大会に備えました。現地の県立プールで練習し、その後、宿泊施設そばのレストランでの食事も部活動の楽しみの一つでした。

翌日の大会では、全員がベストの記録を出し、フリーとメドレーのリレーを制しました。応援していた人たちも大絶叫でした。

結果は秋田県大会団体総合優勝。子どもたち、保護者と一緒に喜べたことは今も大切な思い出になっています。

同じように、担当したアルペンスキー部、陸上部でも勝利するために力を注ぎました。何より、部活動を通して子どもを指導すること、一緒に勝利の瞬間を味わうことにのめりこんでいました。

●研究授業に没頭した若いころ

教師になってから、最初の10年くらいは何にでも積極的に挑戦しました。私の子どものころの内気な性格を知っている人から見ると、ちょっと想像できない姿だと思います。

まず、没頭したのが研究授業です。秋田県では、年に数回、教育委員会の指導主事が訪問に来たり、持ち回りで研究会をしたりする機会があります。そのほかにも校内で研究会を行いますので、最低1人1回は研究授業をすることになります。

私は、研究授業には必ず立候補し、どの教科の授業にも積極的に挑戦しました。ですから、若いころは年に2～3回は研究授業をしていました。

研究授業をすることは苦しいです。凝り性だった私は、常に授業のことで頭がいっぱいで指導案を何度も何度も書き直しました。児童の反応を予想して、板書計画、発問の計画を立てます。授業の1ヵ月前くらいからは寝ても覚めても授業の進め方を考えている状態でした。研究授業の数日前からは、一人きりの教室で実際に話しながら授業の進め方の確認をしていました。

担任が全力で授業に向かっているとき、その気迫は子どもたちにも伝わるのでしょう。研究授業に向けて子どもたちの集中力が研ぎ澄まされていくのがわかります。ひとつの授業に向かって子どもたちとともに成長することができます。このプロセスが私はたまらなく好きでした。

研究授業では、予想どおりの反応が得られないこともあります。それでも、子どもたちが真剣に考えて反応し、私がさらに発問する。その真剣勝負のような瞬間はいつも私の心を揺さぶりました。

また、たくさんの先生方が見てくれる研究授業は、子どもたちと真剣に向き合えるよい機会でした。研究授業のたびに私の授業スキルは磨かれていったのだと思います。

●子どもたち全員にとって楽しく、居心地のいい学級をめざす

もちろん、日々の学級経営にも力を注ぎました。

大館市に赴任したとき、先輩の先生から「学級経営が一番大切」と教えていただきましたし、私自身も「子どもたち全員にとって楽しく、居心地のいい学級」をめざしたいと思っていました。

初めて６年生の担任になったときは、「最高の１年間にしたい！」と強く思いました。５年生からの持ち上がりのクラスでしたので、最初の学級会で「最高のクラスで卒業式を迎えよう！」という目標を子どもたちとつくりました。

４月には毎月の学級行事を考え、係り分担をしました。その時の行事は以下のようなものがあ

りました。
・アルミ缶をリサイクルしてサッカーボールを買おう
・釣竿を作って釣りに行こう
・縄文土器を作って野焼きをしよう
・となりの学校にサッカーの挑戦状を出そう
・夏休みにバーベキュー&きもだめしをしよう
・映画鑑賞会をしよう
・路線バスで町まで出かけよう
・学級文集を作ろう
・タイムカプセルを埋めよう
など、1年間かけてやるもの、単発のイベントとして楽しむものなどを出し合いました。このころの私は「子どもたちがやりたい!」といったものは絶対に実現したいと必死だったのを覚えています。

校長先生に反対されたこともありました。保護者から心配の声が上がったことも何度もありました。それでも私の気持ちが揺らぐことはなく、周りの人たちを説得したのです。

この中でもとくに印象に残っているのは、アルミ缶集めです。今から20年以上も前のことで、まだ世の中にアルミ缶のリサイクルが浸透していなかったころです。

段ボールいっぱいのアルミ缶を集めて持ち込んでも10円程度にしかなりませんでした。その金額にみんなで愕然としたのを覚えています。

それでもあきらめずにリサイクルを続けました。結局、サッカーボールを買えたのは卒業まぢかの３月でした。

ボールを手にしたときの喜びと、そのボールでみんなでしたサッカーはかけがえのない思い出になりました。

学級経営はもちろん、部活動、研究授業などにも全力を注いだ大館市での教員時代でした。この５年間で学んだこと、身に付けたことはとても大きく、その後の私の教員人生を支えてくれる土台になりました。

●父の死と母の病状の悪化

大館市で５年間を過ごした後、秋田市の小学校に赴任することになりました。

子どものころから初対面が苦手で、周りの人とうまくコミュニケーションがとれない私でしたが、このころは教員としての自分に自信があり、初対面の人ともふつうに話ができるようになっていました。

秋田市の小学校は、大きな学校で1学年4クラスありました。前の学校は学年1クラスか2クラスだったので、とても大きく感じました。大きな学校だけに、学年主任は学級間のバランスをとることを大切にしていました。「あのクラスだけ」と子どもや保護者に思われたくないのです。そのころの私は、そんなことはお構いなしに、「他のクラスに合わせて力を抜くことはできない」と、これまで同様すべてのことに全力を注いでいました。

休み時間は毎日子どもとサッカーをして、放課後はバスケットをしていました。研究授業にも進んで取り組みました。何事にもやる気があふれていた私は、校内でも保護者の間でも一目置かれる存在になっていたように思います。

ただ私が物足りなく感じていたことは、部活動を担当できなかったことでした。

秋田市の小学校では教員が部活動を担当するのではなく、地域の人などが指導することになっていました。

他の教員たちはそのことを「本業だけに集中できる」と歓迎していましたが、私は部活動の面白さが忘れられず、「また部活をやりたいなぁ」という思いがありました。

秋田市に帰ってきたことで、母はかなり安心したようでした。

このころにはパーキンソン病の専門医に出会い、月に1回、新幹線で盛岡の病院に診察を受けにいくようになっていました。

パーキンソン病は脳内のドーパミン不足などで起こる、神経変性疾患の一つです。

主な症状は手足のふるえ、手足の曲げ伸ばしが固くなる、動作が緩慢になるなどの運動症状です。また、ドーパミンが不足することで笑顔が少なくなると言われています。

母はとても明るい人でしたが、このころの様子は笑顔が少なくなり、いつも病気のことを悩んでいるように見えました。店の営業時間も徐々に短くなり、休むことも多くなりました。

そんな母の変化には気づいていましたが、朝早く学校に行って、夜遅くまで仕事をするという私の勤務スタイルは変わりませんでした。「母の姿を見ていると心が沈むため、できるだけ見ないようにしていた」というのが本当だったかもしれません。

秋田市の学校に来て1年が過ぎたころ、入退院を繰り返していた父親の容態が急変しました。

父は糖尿病のほかに、心臓病、胃がんを患っていたのです。

衰弱は激しく、入院してすぐに「余命数ヵ月」と医師に告げられました。母はパーキンソン病を抱えながらも毎日病院に通い、父を見舞っていました。

それでも父の病状は悪化する一方で、私が29歳の時に他界。これには母も大きなショックを受けたようでした。

仕事はなんとか続けていましたが、立ちっぱなしの店の仕事はとてもつらそうに見えました。父の死から1年ほどして、母は市場に仕入れに行くことがむずかしくなり、とうとう店を閉めることになりました。


このころから、母のパーキンソン病は一気に進行していきました。店をやめたことで母の生活は一変したのです。母にとっては店に買い物に来てくれるお客さんとのふれあいが一番の楽しみでしたが、閉店したことにより家に人が来ることがほとんどなくなり、母の楽しみもなくなったのです。そのころ飼っていた小型犬の面倒を見ることだけが母の仕事になっていました。

パーキンソン病は前にも書いたように、手足の震えが起こります。朝、昼、晩多くの薬を飲んで震えを抑えていますが、だんだん薬の効き方が弱くなってきます。店をやめてからしばらくは、母が私の食事を作ってくれていました。しかし、だんだん手が震えて、うまく包丁などを扱えなくなってきたため、食事の準備を私がすることが多くなっていました。

母は、自分の病気が進行していることや家事が満足にできないことをとても悲しんでいるようでした。

手の震えなどの症状がさらに進行すると、食事のときに箸をうまく使えなくなります。外食に行ったりしても、手がかなり震えるので周りの人から好奇の目を向けられることもあります。それを気にしてか、友だちや親せきに会いに行くこともほとんどなくなってしまいました。

《コラム》
うつ病の薬と副作用

私がうつ病と診断されて、初めて処方された薬は睡眠導入剤と抗不安剤、そして抗うつ剤の3種類でした。

このうち、抗うつ剤は、飲み始めてすぐには効果があらわれず、しばらく服用を続けていると徐々に症状が改善されてくるという特徴があります。抗うつ剤が効果を発揮するためには、脳の代謝のバランスが変わってくる必要があり、それには時間（2週間ほど）がかかるためと考えられています。

一方で、抗うつ剤の副作用はすぐにあらわれるので、飲み始めは「うつ病の症状」＋「薬の副作用」に苦しむことになります。私の場合は、最初に処方された抗うつ剤の副作用がひどく、とても苦しかったです。症状としては、ひどい倦怠感、頭痛、吐き気などです。

はじめは、うつ病の症状なのか、薬の副作用なのかわかりませんでしたが、あまりにも苦しく薬を服用し続けることができませんでした。結局、次の受診の時に薬の変更をお願いしました。

次に服用した薬は、副作用が弱いタイプでした。そのおかげで、副作用は辛抱できる範囲に収まり、飲み続けるうちにそれも少なくなってきました。

抗うつ剤には、自分の体に合うもの、合わないものがあります。だから、副作用が辛い場合には、必ず医師に相談することです。

ところで、うつ病の患者のなかには、勝手に薬をやめてしまったり、減らしてしまったりする人がたくさんいるそうです。というのも、うつ病の患者は、「否定的なものの見方」になる傾向が強く、「薬には副作用がある」「一生薬をやめられなくなるのではないか」といった考えに陥ってしまうことがあるのです。私も処方される大量の薬をみて、「このまま薬漬けになるのではないか」と何度も悩んだものです。

しかし、うつ病の治療には薬が必要です。薬物治療と休養がうつ病治療の両輪だからです。もし、治療をしていて、「薬を飲みたくない」という気持ちになってしまったら、家族の力を借りることです。家族に薬を管理してもらい、何としても続けて飲むようにすることが必要です。

抗うつ剤の副作用として多いのは、倦怠感や頭痛の他に、眠気、口の渇き、便秘などです。眠気は中枢神経抑制作用によるもので、風邪薬などと同じく鎮静、集中力低下なども起きます。だから、抗うつ剤を服用中、とくに副作用が強いときは自動車の運転はひかえる必要があるのです。

第3章　学校へ行くのが辛くなってきた

●学校を休んだことのなかった私が……

母のパーキンソン病が進行して手足の自由がきかなくなってからは、私が家事をすることになりました。朝、2人分の朝食と母の昼食を作り、出勤します。夕方6時前には家に帰り、夕食の支度をします。

前述したように、私は「朝一番早く学校に行き、夜遅くまで仕事をするタイプ」でした。しかし、母の面倒をみるために、朝、ぎりぎりに学校に着いて、できるだけ早く帰宅する生活に変わっていました。

一方で、私は30代前半の体力的にも脂ののった、バリバリ仕事ができる年代でした。学級担任は主に高学年を担当し、校務分掌では生徒指導主事をしていました。

勤務していた学校は児童数が多く、クラスの人数は毎年40人弱でした。私はもともと学級経営には自信があり、研究授業にも熱心でしたので、他の先生からも信頼されていたように思います。

母の食事の準備のため、学校にいる時間は減りましたが、学校の仕事はきちんとこなしていました。

ところで「仕事には全力を注ぐ」ということをモットーにしていた私は、夏休みなどの長期休暇以外で年次有給休暇をとったことがありませんでした。「自分のクラスの子どもがいるのに他の先生に任せて休むわけにはいかない」と思っていたからです。ですから少しくらい熱があろうが、体調が悪かろうが学校を休んだことはありませんでしたし、それが自分の仕事の仕方だと考えていました。

しかし、どうしても学校を休まなければならない事情が出てきました。母の通院です。

数年前にパーキンソン病の専門医を見つけてから、母は月に1回、新幹線で盛岡の病院に通っていました。パーキンソン病は進行するため、症状を見ながら薬の量を調整していく必要があるのです。

父が亡くなってから3年ほどは、何とか一人で通っていましたが、手だけでなく足にも次第に震えが出るようになってきました。体力も低下し、笑顔もほとんど失われていました。

そんな状態の母に「一人だと不安だから一緒に病院に行ってくれないか」と頼まれて、私は断ることができませんでした。しかし頭のなかでは「どうやって学校に話したらいいだろう」と考えていました。

結局、校長、教頭に事情を話し、月に1回（第1水曜日）、学校を休ませてもらうことになりました。はじめのころは子どもたちの様子が気になって仕方がなかったのですが、数回休むうちに、それにも慣れてきました。

●自分が怠けているような罪悪感が出てきた

その間にも母の病気は徐々に進行し、母の調子が悪い朝は、学校に着いてからも様子が気になるようになりました。そんなときは、就業時間が終わるとすぐに帰宅しました。

家に早く帰ることを考えなくてもよかったころは、子どもたちのためになりそうなことは何でも実践していました。手間がかかることも苦労と思ったことはなく、むしろやりがいを感じていました。子どもたちのためになる、おもしろい授業をしようとすればしっかりとした準備が必要なのです。教師の仕事には終わりはありません。

しかし、母の世話をしなくてはならなくなり、物理的に時間がなくなってくると、授業の準備も必要最低限のことしかしなくなりました。教科書どおりに授業を行い、問題が起こらないように学級経営を行うようになっていました。

教員になってから10年ほど一生懸命子どもたちに向き合ってきたおかげで、「経験」という貯金がありました。ですから、時間をあまりかけないでも、生徒指導主事としての仕事や学級担任の仕事をそつなくこなすことができました。

しかし、それまで感じていた「学校が楽しくてたまらない！」「この仕事を選んで幸せだ」という気持ちは失われていました。むしろ、自分の精一杯の力を子どもたちに注いでいないような気がして、そのことに対する罪悪感を持つようになっていました。

●30人31脚全国大会に出場する

1996年より14年間、テレビ朝日系列で放送された「小学生クラス対抗30人31脚」という番組がありました。クラスの子どもたち30人以上がお互いの足を結んで、50ｍのタイムを競う競技です。都道府県ごとに予選大会を行い、優勝チームが全国大会に出場することができるのです。

タレントの「ウッチャンナンチャン」が司会をして、子どもたちの間でも大人気になった番組です。このころの私は、学校での仕事と母の世話を淡々とこなしていましたが、毎年、「これに出場したら面白いだろうなぁ」と思っていました。

そして2001年、6年生を担任した時、一人の子どもが「先生、30人31脚に出てみたいんですけど！」と言ってきました。テレビを見て、子どもたちも憧れを持っていたようでした。子どもたちの話し方には「たぶん無理だろうけど……」というニュアンスが感じられました。それを感じたからか、私の心の中に「子どもたちを驚かせたい」「もう一度熱中したい！」という気持ちが強くわいてきました。

「最後まであきらめないでやれるのか？」「やるからには全国大会をめざすのか？」と学級会で話し合い、全員一致で「出場したい」ということになりました。そして、私は子どもたちと「学校と相談して許可がもらえたら出よう」と答えました。

このときの学年は4クラス。学級間のバランスや学校としての考え方もあり、担任の独断で出場することはできません。かなり無謀なことにも思えましたが、逆に自分が昔に戻ったようにエネルギーがわいてくるのを感じました。それからは、学年主任、教頭、校長に直談判しました。

出場することに対して、さまざまな反対意見が出されました。しかし、私と子どもたちの思いを粘り強く主張し､やっとのことで許可をもらうことができました。その後、保護者会を開き､「毎日、練習をすること」「競技の特性上けがの危険があること」などを説明し、練習を始めたのが7月。秋田県大会は9月に迫っていました。

秋田県大会の例年の記録は、全国に比べて低調で、「きちんと練習すれば勝てる」という自信がありました。子どもたちの頑張りもあり、思惑どおり秋田県大会を大会新記録で優勝し、11月の全国大会に出場することになりました。

テレビ局が主催する大会だけに、全国大会での子どもたちの旅費、滞在費は優勝賞金で賄えることになっていました。

残念ながら2001年大会は、全国大会の予選で敗れました。しかし大会翌日はクラスみんなで東京観光をし、2度目の修学旅行をした気分でした。

全国大会に出場したことで翌年から、私たちの学校では6年生全クラスが秋田県大会に出場できる流れとなりました。

翌年、私は５年生の担任になりました。クラスの子どもたちも「６年生になったら30人31脚に出場できる！」と思っていて、「５年生の冬から練習をしよう」と学級会で決めていました。私も「今度は全国大会で優勝したい」と考えるようになっていました。

練習を始めたのは２月。秋田は積雪が多いため室内での練習です。６月からは休日も学校に集合して練習をつづけました。子どもたちと私の目は、全国大会での優勝に向いていました。

９月の秋田県大会はぶっちぎりで優勝。全国大会に出場することになりました。

県大会終了後は、さらに練習に熱が入りました。「練習が厳しすぎるのではないか」という声が保護者から出ていましたが、それも全く気になりませんでした。

11月の全国大会。予選では、１位と100分の１秒差で２位。全国優勝は目前に感じられました。しかし、決勝ではあやうく転倒しそうになるアクシデントで敗退。子どもたちは全員大泣きで、私にもこみ上げるものがありました。悔しさもありましたが、やりきった満足感もありました。

30人31脚に出場することを決めてからの３年間は、子どもたちと熱く燃えることができました。教員として「まだまだできる」「これからも子どもたちとがんばろう」と思えるできごとでした。

●母が認知症で入院する

30人31脚に出場した2003年、私生活でも結婚という大きな変化がありました。35歳でした。私がなかなか結婚しないことを心配していた母にとってもうれしいニュースだったと思います。母は体調がすぐれず、結婚式に出席できるか心配でしたが、無事出席することができました。母がうれし涙を流す姿を見て私も幸せでした。

結婚後は、私と妻と母の3人暮らしとなりました。妻は仕事を持っていたため、日中は母が一人になりますが、それでも家族がいることで私も心強く感じていました。

その後、母の症状は進行し、トイレにいくのも大変になりました。そこで、介護保険でヘルパーさんに来てもらうことにしました。ヘルパーさんは週3回ほど、3時間程度来てくれました。落ち着いた生活を送れるようになり安心していた矢先、事件が起こりました。私たちの結婚祝いをするために母が用意していたお金がなくなったのです。数十万円という大金でした。母が打ち明けてくれたのはお金がなくなってから数週間後。自宅には、母の知り合いなど何人かが出入りしていましたが、その人たちを疑うこともできず結局お金は戻ってきませんでした。

私は母の気持ちだけでうれしかったのですが、母のショックは大きく、事件の後、母は落ち込むことが多くなりました。

ある日、家に帰ると母の部屋から大きな声が聞こえてきました。「誰と話しているのだろう？」と、そっと戸を開けてみると、誰もいませんでした。母は壁に向かって大きな声で話していたのです。そのときは背筋が寒くなるのを感じました。

それ以降、母は妄想を見ることが多くなりました。「小さな兵隊がいる」とか「週刊誌が写真を撮りに来ている」などと言ったりするようになりました。あるときは、家の外に友だちが来ているからと、家から出て行きそうになることもありました。そのころは一人ではほとんど歩けなかったはずなのに、一人で家を飛び出そうとしました。やっとのことで止めましたが、ものすごい力で抵抗するのでとても驚いたのを覚えています。

こうしたことが日常的に起こるようになり、妻だけに母を任せることができなくなりました。そして、学校から数日休暇をもらい、リハビリと認知症の専門病院を受診することにしました。

病院の医師によると、母の状態は「認知症がかなりすすんでいて、『せん妄』の症状も見られる」ということで即入院することになりました。せん妄とは、「意識混濁に加えて幻覚や錯覚が見られるような状態」のことです。

母が入院した病棟は、認知症患者のためのものでした。そのため、病棟の入口には鍵がかけられ、面会に行くには、申し出て鍵を開けてもらう必要がありました。

病棟の中はさらにショッキングでした。入院患者のほとんどは母よりも高齢の人たちで、認知症もかなり進んでいる人が多いようでした。手でご飯を食べていたり、裸で歩き回ったりしている人もいました。その様子を見ながら「ここに母を入院させなければいけないのだろうか」と涙が出てくることもありました。

それでも、「仕事を続けるためには母に入院してもらうしかない」と自分に言い聞かせました。ただ、元気のない母を見るのはとてもつらいことでした。

●母親の状態が気になり、仕事に集中できなくなる

子どものころから母のがんばる姿を見て育った私は、母親への思いが強かったのでしょう。家から車で1時間近く離れたその病院に、仕事が終わってから面会に行くという日々が続きました。

入院から1ヵ月ほどすると、治療の成果かせん妄などの症状が落ち着いてきました。そのかわ

り母は「なぜこんなところに入院しているのか？」「家に帰りたい」と訴えるようになりました。母の顔は見たいのですが、そのことを繰り返し言われるのがとても辛い毎日でした。

入院して２ヵ月が過ぎた頃、担当の医師から「あと１ヵ月ほどで退院できる」と言われました。そのころの母はパーキンソン病の進行もあり、一人で立ち上がるのがやっとという状態でした。

私と妻は共働きなので、日中母親の世話をするにはどちらかが仕事を辞めなければなりません。介護ヘルパーに来てもらったとしても限界があるのです。入院していれば、看護師さんや症状の軽い認知症患者さんと話をすることができますが、「話し相手のいない家に一人でいることは精神衛生上もよくない」という考えもありました。

それに、現金が盗まれる事件があったため、自宅に他人を入れるのがどうしてもいやだという気持ちもあったのです。

１ヵ月後、母は退院し、そのままグループホームに入所することになりました。これは私にとっては苦渋の決断でした。母はそのあとも「家に帰りたい」と言っていました。毎週土日には自宅に一時帰宅していましたが、母に対する申し訳なさは消えることはありませんでした。

母がグループホームに入所した年、私は秋田市内の学校へ転任しました。前任校では生徒指導主事を任され、学校を運営するための中心的な働きをしている自負がありました。

しかし、新しく赴任した学校では、まず校長に母の状態や母の通院時には休みをもらわなければならないことを話さなければなりません。教員になってからは、「仕事で認められること」「よい学級経営をすること」がすべてであった私にとっては、自分の事情で全力で仕事に立ち向かえないことがとても残念で、そのことに対する罪悪感が増していました。

一方、母がグループホームに入ったことで、日中何かあっても職員が見てくれるという安心感があったのも事実でした。母のグループホーム入所をきっかけに、「これからはまた仕事をがんばろう」と、私は心の中でそう思っていました。

●私の心に変化が感じられるようになった

母がグループホームに入ったことで介護から解放され、夜中にトイレに起こされたり、入浴や食事の介助をしたりといった日々の生活の負担は減りました。私は、母の入所をきっかけに以前のように学校の仕事に専念し、子どもたちとともにがんばりたいと強く願っていました。

しかし、その思いとは裏腹に学校の仕事に熱中できませんでした。就業時間が終わると、母の様子が気になるのです。

実際、母の精神状態はとても不安定で、グループホームから電話をもらうことも多かったのですが、職員の方に対応してもらうこともできました。

それでも母のことが心配で、週に３～４回は面会に行くようになっていました。面会に行っては、「できるだけ筋力が落ちないように」と体を支えながら歩行練習をするのが日課になっていました。

しかし、母の状態がよい時はほとんどなく、病状は悪化していく一方でした。まともな会話もほとんどできなくなっていました。面会を終えて帰るころには、いつも暗い気持ちになっていることが多かったです。

それでも私の心は「面会に行かなければ気が済まない」という状態になっていました。

●学校に行くのが辛い

このような日々を繰り返しているうちに、私は学校に行くのが辛いと感じるようになっていました。「学校の仕事に打ち込みたい」と願っていたにもかかわらずです。

以前は、始業の1時間近く前に学校に着き、授業の準備をしたり、早く来た子どもと遊んだりしていました。

しかし、朝、家を出る時間がどんどん遅くなっていったのです。当時の様子を妻に聞くと、「毎日大きなため息を何度もつきながら玄関を出ていった」という状態だったようです。

朝早く家を出て、かなり遠回りをして学校に行くこともたびたびありました。家から郊外の山道を通って学校に行くと、心が少し安らぎました。また、学校に少し早い時間に到着しそうになると、わざわざ遠回りをして時間ぎりぎりに学校に着くように時間調整をすることもありました。今ふり返ると、このころからうつ病が進行し始めていたのかもしれません。

このころ顕れてきたもう一つの変化が、夜、眠れないことです。もともと寝つきのよい方ではなかったのですが、布団に入ってからしばらく寝つけないことが多くなりました。

眠れない時は、仕事のことや母親のことを考えていることがほとんどでした。考えているうちに、だんだん悪い方に思いを巡らし、さらに眠れなくなるという悪循環です。ひどい時は、夜まったく眠れないこともありました。

眠れた時でも、眠りが浅くなりました。多い時は一晩に４回から５回トイレに起きることがありました。そのたびに「眠れなければどうしよう」という不安に襲われるのです。

ぐっすりと眠れない状態は、うつ病で休職するまで数年間続きました。しっかり眠れないと仕事の疲れが回復しません。朝起きても、疲れが残っている感じがします。疲れているから、学校の仕事にも全力を注げないのです。

今ふり返ると、私の心に起きた最初の変化は、「学校に行くのがおっくうになったこと」と「夜眠れなくなったこと」でした。

《コラム》

映画「ツレがうつになりまして」を観て

『ツレがうつになりまして』（幻冬舎）という本をご存じでしょうか？

細川貂々さんが出版して大ベストセラーになったコミックで、「ツレうつ」の愛称で親しまれています。２０１１年10月には映画化されました。

内容は、「スーパーサラリーマン」だったツレ（作者の夫）がうつ病になり、売れない漫画家の妻（作者）と共に送る闘病生活を描いています。

作者は、うつに対して「精神的に弱い人がなる」「神経症のようなもの」というイメージをもっていましたが、世間にも作者と同じようにうつ病への知識の乏しさや誤解が多いと感じていたそうです。そこで、世の中にうつ病の正しい理解を広めたいと考え、出版を決めたといいます。

この映画は、私自身のうつ病に対する認識が変わるきっかけになりました。

映画では、ハルさんを宮崎あおいさんが、ツレを堺雅人さんが演じていました。ツレが朝起きて、「死にたい」とつぶやいたり、だんだんできることが少なくなって涙を流す姿を見て私は、「ああ、そうそう」「分かるなぁその気持ち」「自分と同じなんだな」と感じ、涙があふれてきました。隣にいた妻も同じように涙していました。

この映画を観て最も強く感じたことは、「自分の症状はうつ病の人みんなに共通したものなんだ」「やはり病気が原因だったんだ」ということでした。

それまでは、どこかで「自分は病気ではない」と信じ込んでいた部分がありました。その気持ちのせいでゆっくり休養できなかったり、「どうしてこんな病気になってしまったんだ」と嘆いたりしていました。

しかし、自分の症状が典型的なうつ病だとわかったことで、「しっかり治療すれば治る」ということを実感することができたのです。

この映画を観たことをきっかけに妻と話し合い、「あせらずにしっかり治療すること」を再確認しました。私が体験記を書いて、苦しんでいる先生たちの役に立ちたいと決心したのも、この映画と出会ったからなのです。

第4章　とうとう学校に行けなくなった

●電話が鳴るのがすごく怖い

　母のグループホームの入所期間は3年ほどでした。その間、土日はほとんど自宅に一時帰宅していました。土曜日の朝に自宅に来て、日曜日の夜にグループホームに帰るのです。

　一時帰宅している間は、車いすでスーパーに買い物に行ったり、公園へ散歩に行ったりしました。母はほとんど笑顔がなくなり、会話もできなくなっていました。それでも作った料理を美味しそうに食べたり、ほっとした穏やかな顔を見たりするだけで私は満足でした。

　しかし、日曜日の夜になると、「グループホームに帰りたくない」と涙をこぼします。そんな母を見ると毎回心が痛みました。


　グループホームでの入所期間が3年を過ぎたころ、母は自力で起き上がることができなくなりました。自分で身の回りのことができなくなり、老人保健施設へ移ることになりました。

　グループホームは基本的に、他の入居者と関わりながら過ごすことを目的にしています。そのため、一緒に食事ができなくなったり、介護に手がかかりすぎたりするようになると退所しなくてはいけません。そのことはわかっていましたが、私にはとても辛い現実でした。

それまでのグループホームでは、一人ひとりに個室があり、ホールに集まって食事をします。これに対して老人保健施設は、4人で1部屋。食事もベッドの上です。

老いとともに病気が進行していくことは当然のことで、これは誰もが受け入れなければならないことなのですが、当時の私は必要以上にそのことを悲しんでいたように思います。そして、母の病気の進行と同時に、私自身の心の病もゆっくりと静かに進行していたのです。

「学校に行くのがおっくうだ」「夜眠れない」と感じるようになってから、すでに数年が経っていました。私に訪れた次の変化は、自宅の電話が鳴ることをすごく怖く感じるようになったことです。

学級担任をしていると、クラスの保護者が自宅に電話をかけてくることがたびたびありました。そのほとんどは、「体調がわるくなって、明日休むことになる」とか、「子どもが持ち物を聞き逃したので教えてほしい」などの内容でした。しかし、このころの私は、なぜか「何かよくない電話ではないか？」と不安を感じるようになっていました。

確かにこの当時、世間では「モンスターペアレント」という言葉が流行していたように、学校や教師の自宅にクレームの電話が寄せられることを見聞きしていました。私は生徒指導主事を長年務めたこともあり、そのような電話には慣れていたはずだったのですが、いつからか保護者からの電話がとても気にかかるようになっていたのです。

電話の音を聴くと胸がドキドキし、鳴っている間に「何か子どもに変なことを言わなかっただろうか」「私の知らないところでいじめが起きていたのではないだろうか」などと、その日の学校での出来事に思いを巡らしていました。実際には、そのようなクレームの電話はほとんどありませんでしたが、それでも心配でたまらなかったのです。

学校でも同様で、職員室で電話を受けた人が「菅原先生、電話ですよ」と声をかけてくると、胸がぎゅっと締めつけられるような感覚に襲われるようになりました。

電話への過剰な反応はさらにエスカレートしていきました。

学校で子どもを強く叱ってしまったり、授業がうまくいかなかったりすると、保護者から電話が来るのではないか、と心配になるのです。自宅に来る電話のほとんどは、学校関係以外の電話なのですが、電話が鳴るたびに胸が締めつけられるようになってきました。

そのような状態にだんだん耐えられなくなり、学校で気になることがあった日は、家に帰るとすぐに電話のコードを抜くようになってしまいました。

今思い返すと、かなり異常な行動に感じられますが、自分が精神的に追い詰められているとは、ほとんど感じていませんでした。もしかしたら、そのことを考えないようにしていたのかもしれません。

●仕事を負担に感じるようになる

電話への恐怖心が顕著になったころから、仕事に対しておっくうさを感じるようになりました。

まずは、日常的な仕事です。秋田県は全国学力テストで連続日本一となっているのですが、その一因として挙げられるのが家庭学習や漢字・計算のミニテストです。なかでも家庭学習は、子どもたち全員が毎日提出するので、机の上にノートが山積みになっています。

私は、休み時間は子どもと遊ぶことにしていましたので、給食を早く食べ、残りの時間で家庭学習のチェックをしていました。子どもたちのノートに目を通して励ましのコメントを書くのは楽しみでもありました。

しかし、これがだんだん負担に感じるようになりました。「帰りまでに返さなければならない」というプレッシャーから、子どもたちに誘われてもサッカーにいけない日がでてきました。このことは、私には受け入れがたいことでした。

他にも、ミニテストや単元ごとのテストの採点もあります。クラスが40名ほどいると、単元ごとのテスト1種類につき30分ほどの時間がかかります。以前は、採点をしながら「ここがまだ理解できていないなぁ」とか、「今回は頑張って勉強したなぁ」などと、子どもたちのことを思い浮かべていました。

しかし、このころは採点自体にまったく楽しさを感じられなくなり、ただの作業になっていました。家庭学習ノートのチェックもテストの採点も、自分にとっては、すごく面倒なことになってしまったのです。

それまでの私は仕事が早く、捻出した時間を子どもたちとふれあうために使っていました。しかし、いつのまにか、時間に追われ、子どもたちへの返却期限ぎりぎりにやっと間に合うという状態になっていました。

同様に、学校行事でも楽しさを感じられなくなっていました。私はもともと学校行事が大好きでした。修学旅行や運動会などのイベントを子どもたち以上に楽しみにしていました。「修学旅行のバスの中でカラオケをしたら楽しいかな」とか、「運動会のリレーで勝てるように練習しよう」などと、当日のことを思い浮かべると楽しくて仕方がありませんでした。

それが楽しみでなくなり、面倒と感じるようになっていきました。

面倒と感じることなので、新しいことを工夫しようとしなくなります。子どもたちに積極的に働きかけようともしなくなりました。当然、子どもたちの盛り上がりも、以前ほど感じられなくなっていました。

とうとう1ヵ月後の修学旅行のことを考えるととてもおっくうで、「行きたくないなぁ」とさえ感じる状態になったのです。

自分を心の病気だと疑うことがほとんどなかった私でしたが、「自分がちょっとおかしくなってきている」と感じたのは、やはり、子どもたちと一緒に遊べなくなっていったことがきっかけでした。私が教師として誇れることは、子どもたちが大好きなこと、子どもたちと一緒に遊べることだったからです。

教師になった時からずっと、休み時間は子どもたちとサッカーや鬼ごっこをして遊んでいました。業間休みや昼休み、放課後もずっと子どもたちと一緒に過ごしました。遊ぶことが何よりも楽しかったし、遊びを通じて子どもたちと語り合い、笑い合いながら学級をまとめていました。

それが、子どもたちと遊ぶこともおっくうになってしまいました。休み時間にグラウンドに出ようと思っても、体がだるくて外に出たくないのです。そして、たまっている家庭学習ノートを見なくてはならないというプレッシャーも感じるようになっていました。

自分の異変については少しずつ自覚していましたが、「体調が悪いのだ」「年を取ってきたからかもしれない」と思い、それほど重大に考えてはいませんでした。

●人と関わるのが怖い

学校での仕事をするうえで、さらに私を悩ませたのは人と関わることへの恐怖心です。

元来、人見知りで引っ込み思案の性格の私でしたが、学校で働くようになってからは自信をもって人と関われるようになっていました。それは、仕事に対する自信と、子どもや保護者、同僚から認められているという自負があったからだろうと思います。

実際、職員会議などでは積極的に発言したり、飲み会などの幹事もすすんで引き受けたりしていました。

忘年会では、毎年、頼まれたわけでもないのに仲間と一緒に芸を披露するのが恒例になっていたほどです。それが、だんだん人と関わることに怖さを感じるようになっていきました。

それに初めて気づいたのが算数や国語でのＴＴ（ティーム・ティーチング）の授業でした。

ＴＴでは、その日の進め方によってどちらかがＴ1として授業をすすめ、もう一人がＴ2としてサポートに当たる形が多かったのですが、私は、ＴＴで他の先生と一緒に授業をするのがとても負担に感じるようになりました。

とくにＴ1をする時は、Ｔ2の先生の顔色がとても気になりました。自分の進め方はきちんとできているのか、相手の先生は私の進め方をどう思っているのかなどと、気になって仕方がありませんでした。

ＴＴの授業はほぼ毎日あり、そのことを考えるとゆううつな気持ちになりました。家に帰ってからもＴＴのことが気になるようになっていました。

日々の授業でさらに私を苦しめたのが、校長の校内巡視です。

小学校では、全教科を学級担任が受け持つため、中学校や高校に比べて担任の教育力が、学級経営に大きく影響します。そこで近年は、授業の様子や学級経営の状態を見るため、１日１回は校長が全クラスを見回るようになりました。

授業をしていると、校長が教室に入ってきて子どもたちの様子を見るという形です。

今振り返ると、校長は子どもたちがきちんと授業を受けているかどうかの確認のため、子どもたちの様子を見に来ていたのです。実際、校長から授業についての注意を受けたことはありませんでしたが、当時は自分がチェックされているような強い圧迫感がありました。

私は、校長がいつ来るのか気になって仕方がありませんでした。校長が来ないうちは落ち着かないのです。そして、たまに出張などで校長が学校にいない日は、ほっとするという状態でもありました。

その他、ＰＴＡの授業参観などがある時も、数日前から心配でたまらなくなりました。他人の目が気になるようになってからは、日々の不安が大きく、いつも精神的に疲れている状態になりました。休みの日も疲れがとれず、遊びや食事に行ったりすることもかなり減ってきました。

それでも母が入所している老人保健施設に見舞いに行くことだけは欠かしたことがありません。車椅子を押して庭を散歩し、ベンチに座って一緒におやつを食べる時間が、私にとって落ち着ける唯一の時間になっていました。

●教師としてのプライドで仕事を続ける

日々の仕事に疲労しながらも、何とか学校での仕事を続けていました。そんなとき母の病状がかなり悪化しているという知らせが届きました。

医師の話では、肝機能がかなり低下しているということでした。そのため、老人保健施設から、終末医療専門の病院に転院することになりました。

結局、母は老人保健施設に４年間お世話になりました。グループホームに入所してからは７年の歳月が過ぎていました。

病院に入院して治療を受けてからは、母の状態は安定していました。しかし、誤嚥（食べたり飲んだりしようとしたときに、飲食物が食道ではなく気管に入ってしまうこと）の危険があるため、普通の食事を摂ることができなくなり、片方の鼻腔から胃管を挿入し、栄養と水分を補給する方法をとることになりました。

肝機能の低下をきっかけに、母はほとんど体を動かすことができなくなり、寝たきり状態になりました。母にとって、唯一の楽しみだった食事もできなくなったのです。私にとっても鼻に管を通している母の姿に慣れるのはかなり時間が必要でした。

母が入院して約1年後、私は病気休暇に入ることになります。このころはすでに心身ともぎりぎりの状態で仕事をしていました。それを支えていたのは教師としてのプライドだったように思います。

教師になってからずっと、学校と子どもたちのことを第一に頑張ってきていました。プライベートの時間も教育のことばかり考えていたように思います。学級経営についても、授業についても自信がありました。疲れてはいても、自分の全力は尽くしていたし、仕事で人に迷惑をかけることもありませんでした。

今は疲れているが、母の病状が落ち着き、体調がもどればまた以前のように働くことはできると考えており、この段階になっても自分がうつ病になっていることには全く気づいていませんでした。

●学級経営がうまくいかない

私が病気休暇に入ったのは2011年（平成23年）8月。この年の4月に新しい学校に赴任していました。この転任をきっかけに「また前のように情熱をもって働きたい」と密かに思っていました。しかし、結果的にこの転任が私のうつ病を一気に悪化させたのです。

人とかかわることが負担になっていたことは前に書きましたが、新しい学校に移った4月の1ヵ月は、まわりの先生たちとの関係づくりで心身ともに消耗していました。また、4月当初の仕事量は多く、毎日、家に仕事を持ち帰るようになっていました。

思えば、それまでの私はほとんど家に仕事を持ち帰ったことがありませんでした。いくつもの仕事を抱えていても優先順位を付け、完璧こなすことができました。むしろ忙しい方が力も湧いてくるような感覚でした。

しかし、このときは全く違いました。日々の仕事が押し寄せてきて、それに飲み込まれそうな感覚でした。常に「もし、仕事が間に合わなかったらどうしよう」という不安でいっぱいでした。起床の時間がだんだん遅くなり、学校に到着するのが始業時刻ギリギリになってしまうこともありました。

この数年はだいたい似たような心理状態でしたが、何とか仕事をこなしてきました。しかし、この年はそれまでとは違う感覚に襲われました。それは、「子どもたちがまとまらない」という感覚です。学級内で問題が起こっているわけでも、保護者からクレームが来たわけでもないのですが、学級経営に手応えが全くありませんでした。自分が発する言葉が子どもたちに上手く伝わっていないような気がしたのです。

それまで学級としてできていたことができない。それは子どもたちが変わったからではなく、明らかに学級担任としての自分に問題があると感じました。学級経営に自信をもっていた私にとって、このことはとてもショックでした。

今思うと、日々の仕事に精いっぱいだった私には、笑顔などほとんどなかったのでしょう。以前は子どもたちと一緒に遊びながら、休み時間におしゃべりしながら仲良くなっていたのですが、そんなことをする余裕はなくなっていました。

そのことに気づいてから数ヵ月、初心に返るつもりで力を振り絞って頑張ってみました。休み時間には、外に出て一緒にサッカーをし、学級でイベントを企画して実践してみましたが、それでもあまり手応えは感じられませんでした。このことで私はさらに自信を失っていったように思います。

●頭痛や倦怠感が限界に達する

2011年（平成23年）の6月に入ると、体に大きな変化が現れてきました。

毎日、ひどい頭痛と倦怠感に悩まされるようになり、授業中にも常に体調の悪さを感じていました。とくに頭痛がひどい日は、めまいも感じました。子どもの前に立って授業をするという最低限の仕事をこなすのが精いっぱいでした。

「体調が戻れば元のように働ける」と自分に言い聞かせてやってきましたが、あまりにも体調が悪い日が続き「もうだめなのではないか？」と感じるようになりました。そして、「いつまでもつだろうか」という不安が襲ってきました。体調的にかなり辛い時期でしたが、「とりあえず夏休みまでがんばろう」と、何とか自分を奮い立たせていました。

しかし、そのことは家族にも同僚にもずっと隠し続けていました。このような悩み事を人に打ち明けられない性格も、病状を悪化させる一因になったのだと思います。

体調とともにさらにひどくなったのが、「人と関わることへの恐怖心」です。それまでも人と関わることは辛かったのですが、私を最も悩ませたのは外部に電話をかけることでした。

３年生を担任していた私は、「総合的な学習の時間」の外部講師を電話でお願いする係になっていました。しかし、電話をかけることがとても怖く、そのことを考えるだけで胸が締めつけられるようになっていました。電話をかけなければならないリミットまで何度もためらいながら、やっとのことで電話をします。電話をかけるまでの数日は、そのことで頭がいっぱいなのです。

このほかにも、体調不良の影響で仕事に支障を来すことが増えてきました。

まずは、忘れ物です。その日にやらなければならないことが覚えられないのです。教室に向かうときに授業に使う物を忘れて職員室に取りに戻ったり、体育館に向かうつもりが気づいたら教室にいたりということが何度もありました。忘れ物が多くなると、忘れ物をすることが不安で何度も確かめるようになります。そんな状態が続きました。

家に帰ってからも状態はかなり悪かったようです。妻が私に話しかけても心ここにあらずの状態で、何度も同じことを確かめていたそうです。車を運転して出かけても、目的地を通り過ぎてしまうことが何度もありました。

ふり返って考えると、学校や母親の心配事が頭の中を占め、他のことを考えたり処理したりすることができない状態だったのだと思います。

学級経営もうまくいかず、日々の仕事にも支障が出始めると、「このまま学校の仕事を続けるのは無理だろう」と思うようになりました。夜はほとんど眠れず、「いつまでやれるだろうか」「夏休みになっても体調が戻らなければどうしよう」という不安ばかりがどんどん大きくなっていきました。

夏休みが間近になった頃には体調は最悪でした。常に頭痛と胸が締めつけられるような圧迫感がありました。学校の仕事には全く集中できず、他の先生たちのように仕事をする自信はほとんど失われていました。「他のクラスの担任や同僚たちよりも自分が劣っている、まわりの先生たちのように仕事はできない」と感じるようになりました。

そして、「自分が担任をしていることは、子どもたちのためにならないのではないか」という思いが心を占めるようになってきました。私の中で「できるだけ迷惑をかけないよう夏休みまで頑張って、教師を辞めよう」という考えが芽生えてきました。

●とうとう休職することに

かなりひどい体調不良に襲われながらも仕事を休むことなく、何とか夏休みを迎えることができました。

私の中には、「夏休みなったら体調が戻るかもしれない」というかすかな望みがありました。夏休みには人間ドックに入り、さまざまな検査をしましたが、とくに異常はありませんでした。脳の精密検査もしましたが、こちらも異常はありません。

どこかに異常があれば「それを治せば体調が良くなる」という思いもありましたが、体調不良の原因ははっきりとはわかりませんでした。依然として心の不安は大きく、一向に体調は良くなりませんでした。

夏休みにも出勤日がありました。子どもたちは休んでいるので学校での仕事量は多くはありませんでした。しかし、「学校に行く」ことへのプレッシャーが強く、前日から頭痛や胸が締めつけられるような感覚に苦しめられました。

夏休み中は、職員室での仕事や会議などの予定が多く組まれているため、同僚の先生たちと話をしたり、昼食をとったりと、いつもよりコミュニケーションを取る機会が増えます。しかし、そのことも私にとっては大きな苦痛でした。

「何を話せばいいだろうか」とか「自分の仕事ぶりをどう思われているのか」というような心配事ばかりが頭に浮かんでくるのです。

「自分は何でこんなに苦しいのだろう」と不思議に思いながらも、「やっぱり教師を続けるのは無理かもしれない」という思いが日増しに強くなっていきました。


夏休みの後半にさしかかってくると、体調はどんどん悪くなっていきました。「また学校に行かなければならない」という不安に押しつぶされそうでした。


そこで、とうとう精神科を受診することになりました。「精神科」という言葉にはかなり抵抗がありましたが、藁をもつかむ思いで受診を決意しました。

この時、自分の中では休職する意思が固まっていました。

精神科を受診したのは8月の中旬でした。

私が受診した精神科は昔からある病院で、秋田市郊外の海沿いにありました。それまで何度も病院の近くを車で通ったことはありましたが、まさか自分が受診することになるとは思いもよりませんでした。

待合室に入ると、平日にもかかわらずたくさんの患者がいました。待合室の中はほとんど話をする人もおらず静まりかえっていました。その中で1時間以上待っていたと思います。私にはとても長い時間に感じました。

診察室に入り、医師の問診を受けます。医師が私の状態について聞いてきました。自分の状態を話すうちに涙が出てきました。「もう苦しくて、学校に行けないこと」を話すと涙があふれて話ができなくなりました。

私はこれほどまでに心が病んでいたのかと、そのとき改めて思い知りました。

医師からは「重いうつ病」と診断され、「仕事は休んだ方がよい」と言われました。このとき私の中で張り詰めていたものが切れてしまったような気がしました。

3ヵ月の休養が必要という診断書を書いてもらい、私の休職が決まりました。

《コラム》

同僚の変化に気を配ろう

昔に比べ、学校現場では同僚と話をする機会が減っています。秋田県では、かなり前から校地内は全面禁煙になっているため、タバコを吸いながら同僚と話をする機会がなくなりました。全国的にも同様な状況だろうと思います。

さまざまな教育改革の影響で、会議や報告書などの事務作業が増え、お茶を飲みながら世間話をしたり、悩み事を相談したりする時間も減っています。

これと反比例するように、教師の精神疾患での休職が増えていることを考えれば、ゆとりのある時間をもつことは、精神衛生上も大切であることがわかります。

今のように忙しい学校現場では、あなたの周りにも精神的に追い詰められている教師がいるかもしれません。もし、一人の教師が休職することになれば、他の教師の負担が増え、学校運営に支障を来すことになりかねません。明日は我が身かもしれないのです。

だからこそ、元気のない教師や体調が悪そうな教師に気を配り、さりげなく様子を見てほしいと思います。

では、どのような視点で同僚の様子を見ればよいのかは、こちらのチェックリストを、ぜひ参考にしてください。

1、学校で

□遅刻や早退、無断欠勤などが増えた
□仕事での「うっかりミス」が増えた
□「仕事の能率が落ちた」ように見える
□仕事に対する意欲が低下したように見える
□整理整頓や後始末ができなくなってきている
□職員室での会話が減った
□児童・生徒と話をしなくなった
□イライラして児童・生徒に感情をぶつけてしまうことが増えた
□管理職や同僚とコミュニケーションをとるのが面倒に見える
□保護者と連絡をとるのが、億劫そうだ

2、日常生活で

□朝、起きるのがつらく、熟睡した感じが持てない
□朝、新聞やインターネットなどで細かな文字を読むのがしんどく、億劫だ
□以前より、疲れやすくなった
□イライラすることが増え、怒りっぽくなった
□めまいや動悸がする
□食欲があまりない（または、暴飲暴食をすることがある）
□おなかのあたりの不快感がある
□いつも胃薬を飲んでいる
□胃の調子が悪く、病院に行っているが、レントゲンを撮っても「とくに悪いところはないですよ」と言われてしまう
□たばこやコーヒー、酒類など、嗜好品の量が増えた
□金銭の乱費が増えた
□寝つきが悪かったり、夜中に起きてしまったりする
□ちょっとしたことで、誰かに電話をしたくなる
□ささいなことで、くよくよすることが増えた
□最近、他人の目が気になる

これは、第６章でも紹介している、諸富祥彦先生の『プロカウンセラー諸富祥彦の教師の悩み解決塾』（教育開発研究所）の中に掲載されているチェック項目です。

実際にうつ病になった私から見ても、とてもよく実態を掴んでいると思います。

同僚の様子をチェックしてみて、「やはりおかしい」と感じたときは、さりげなく声をかけてあげてほしいのです。「最近、疲れてない？」「何か困っていることはない？」などでいいでしょう。


もし、それに対して「大丈夫」という答えが返ってくるようであれば、もう少し様子を見るのがよいと思います。たとえ、具合が悪くても周りの人にはなかなか言えないものなのです。

しかし、それでも様子がおかしい場合は、管理職に相談するのがいいと思います。大切なことは同僚の変化に気づくこと、気づいたら自分のできることをすることです。この小さな行動が教師や学校を守り、子どもたちを守ることにつながるのです。

第5章　とうとう教師を退職することに

●学校からの電話が不安でたまらない

学校を休職することが決まってほっとした反面、私の不安は「このことを学校に伝えなければならない」ということでした。本当は「自分で校長に伝えなければならない」と思っていても、胸が締めつけられるような苦しさが続いていました。結局、学校への連絡は妻にしてもらうことになりました。

学校に電話で休職することを伝え、手続きのために妻が学校に出向いてくれました。諸々の手続きをすませて2時間ほどで家に帰ってきました。その間、私は、学校がどうなっているのか、どんな話をしているのかが気になって仕方ありませんでした。

後で妻に聞いたところ、私の異変にだれも気づいていなかったそうです。私は3ヵ月ほど、ひどい体調不良と自信喪失に悩んでいました。おそらく周りの先生方との会話もほとんどなかったのではないかと思います。

転任して1年目だったこともあり、だれも本当の私の姿を知らないためか、変調に気がつかなかったのかもしれません。また、先生たちも自分の仕事で精一杯で、他人のことをかまう余裕もないというのが学校の現実かもしれません。

休職が始まって私を苦しめたのが、私との面会を求める校長からの電話でした。管理職にしてみれば、「私がどういう状況なのか自分の目で見ておきたい」と思うのは当然のことです。しかし、「休職をする時は、仕事をやめる時」くらいの覚悟をもって休職に踏み切った私は、すでに緊張の糸が切れてしまっていたのです。

何度も電話で面会を求められるので、「一度会わないとゆっくり休めない」と妻に説得され、校長と面会することになりました。

学校に行くことはとても無理だったため、面階は、通院時の病院の待合室で行うことになりました。面会日の数日前からは、そのことが気になりほとんど眠れない状態が続いていました。

校長と会う時には、「休んだ理由をお話ししなければならない」と思っていたものの、実際に校長が待合室に入ってくると、なぜか涙があふれてきました。いろいろ話しかけてもらっても、涙が止まらず、とても話ができる状況ではありませんでした。

結局、医者の話を一緒に聞いてもらい、私の状況を把握していただきました。私の様子を見て、校長も症状の深刻さを感じていたようでした。

その後も、学校からの電話が気になる日が続きました。だいたい1ヵ月に1度、教頭から様子を聞く電話が入ります。「私と話しをしたい」というものでもないのに、そろそろ電話が来るだろうという時期になると、電話がとても気になるのです。電話が来そうな時期の1週間くらい前からは、そのことで頭がいっぱいでした。


電話をやり過ごすと、気になるのは休職の延長のことばかりでした。病院には通っていたものの、電話が気になったり、眠れなかったりする毎日だったためか状態はよくありませんでした。

休職を延長する場合、「3ヵ月の加療を要する」という診断書を再度、提出する必要がありました。そのため3ヵ月経過する前に医師に診断書を書いてもらうのです。今考えると、あの状態で職場復帰することはとうてい無理でしたが、「診断書がもらえなかったらどうしよう」などという不安が心の中を占めていました。

●何をしても涙があふれてくる

休職に入ってから半年くらいは、ほとんど毎日泣いていたような気がします。何をしても涙があふれてくる状態でした。

天気がよい時など、妻が買い物に誘ってくれるのですが、どうしても人目が気になります。このころは、マスクと帽子にサングラスをして出かけることが多かったです。買い物をしていても周りをうかがい、「知っている人はいないか」ということばかり気にしていました。

車で出かける時も、これまで勤務したことがある学校の近くを通ることはできませんでした。そのような自分を考えると胸が締めつけられるようになり、涙が出てきます。どのような時に涙があふれてくるかというと、「自分が情けない」「自分には生きる価値がない」と感じる時です。

私は、学校での仕事に全力を傾けてきました。学級経営や校務分掌の仕事にもそれなりの成果を上げてきた自負がありました。しかし、休職に入ったことで、それまでの頑張りやキャリアが全て失われたような気がしました。

実際、それまでの教師生活のなかで、心の病気で休職に入り、その後、退職してしまったり、復帰しても重要な仕事を任せてもらえなかったりした人を数多く見ていました。そのため、「自分もそうなってしまう、もうおしまいだ」と思いこんでしまったのです。こういう精神状態では、治る病気もなかなか好転しません。

昼間、ランドセルを背負っている子どもの姿を見ると「なぜ、自分はこんなことをしているのだろう」と情けなくなります。

夜は、昔の学校での出来事が頭から離れず眠れません。学校に残してきた子どもたちのことが気になりました。心配事に心が支配されていたこのころが、自分にとって最も辛い時期でした。

●「仮面うつ病」とは

ここからは私が患ったうつ病について書いていきたいと思います。私のうつ病はいわゆる「仮面うつ病」の状態でした。

「仮面うつ病」とは、うつ病でありながら、精神症状よりも身体症状が前面に出てくるため、精神症状が隠されているという意味で、「仮面うつ病」と呼ばれています。

仮面うつ病の主な特徴は、
・身体的な症状が前面に出て、精神的な症状があまり感じられないことが多い。
・心に問題を抱えていて、うつ病の心理状況は感じられる。
・他の病気と思い、仮面うつ病の発見が遅れやすい。
・いろいろな検査をしても異常は出ず、内科の薬が効かない。
などです。


私の場合は、体の変調を来してから「精神の病気ではないか」と気づくまでに、かなりの時間がかかりました。

はじめは、頭痛やめまい、倦怠感がひどく、脳に異常があるのではないかと考え、検査を受けたほどでした。検査の結果はどこも異常なかったのですが、その後も頭痛などの症状はなくならず、最終的に精神の病気ではないかと考えるに至ったのです。

ほかにも仮面うつ病の症状としては、睡眠障害、寝つきが悪い、朝早く目覚める、眠りが浅い、食欲低下、腹痛、息苦しさ、胸の圧迫感、食べ物の味がしないなどの症状がみられるそうです。

また、内科で自律神経失調症と診断されて治療を続け、長引く場合もあるそうです。
このように、「仮面うつ病」は医者にとっても診断がむずかしいものなのです。

●うつ病治療はどのようなものか

うつ病の治療には、大きく分けて、休養、薬物療法、精神療法の３つがあると言われています。私もこれらを３本の柱として治療を続けていました。ここでその３つの治療法について触れておきたいと思います。

〈休養〉

うつ病の治療で、まず大切なことは「休養」です。うつ病は、職場が変わったり仕事で大きなミスをしたりという何かのきっかけで発症することが多いそうです。このような状況に追い込まれている人は、心に大きな負担がかかっているはずです。だからこそ、その原因になっていることから離れ、心を休ませることが必要なのです。

しかし、私もそうであったように、うつ病になるほど悩んだことから簡単に離れられるわけではありません。だからこそ、ゆっくりと時間をかけ、休養することが大切なのです。

症状がひどい場合には強制的に休ませるため入院も必要になります。


〈薬物療法〉

薬物療法の中心となるのが抗うつ剤と言われる薬です。うつ病になると、脳の中のセロトニンやノルアドレナリンという物質の働きが弱まるため、不安が高まったり、気分が沈んだりしてしまうのです。このような状態の時には、抗うつ剤を服用します。私も最初に処方されたのが抗うつ剤でした。抗うつ剤の効果は次のようなものです。

・抑うつ気分を取り除いて気分を高める
・意欲を出させる
・不安や緊張、焦燥感を取り除く

抗うつ剤には、いくつかのタイプがあり、症状や状態によって使い分けます。しかし、薬には副作用があり、薬との相性によって副作用が強く出ることもあります。

私の場合は、最初に処方してもらった薬の副作用が強く、長く続けられませんでした。

私が体験した副作用の症状は、「体がだるくなる」「吐き気がする」「眠くなる」などです。強い副作用が出ると、本当に辛いのです。ひどい時には、一日中ベッドに横になっている状態でした。

〈精神療法〉

休養と薬物療法の他に必要なのが精神療法です。うつ病になる人は、きまじめな人が多く、私もまじめで融通の利かないタイプでした。そのため、薬物療法などで病状が良くなったとしても、自分自身の考え方や行動を変えなければ再発する可能性が高いのです。

精神療法には、①物事のとらえ方や考え方を、うつ病につながらない方向へ変えいく「認知療法」、②行動に目標を設定し、達成感が得られるようにしていく「行動療法」、③人間関係がうつ病の原因になっている場合、その原因を解決できるようにする「対人関係療法」などがあります。これらを医師のサポートのもと選択的に行っていくことが大切です。

精神療法の中心となるのは医師との対話です。治療の第一歩となるのは、「自分はうつ病を患っている」ことをきちんと把握する作業です。

私の場合は、「うつ病になったこと」をなかなか受け入れられませんでした。自分は「うつ病ではない」と心のどこかで思っていて、そのために完全には治療を受け入れられなかったのです。このことが病気を長引かせる大きな要因になったと思われます。

「自分はうつ病である」と認めるところから治療は始まります。そして、このことがもっとも大切なことだと思います。

次に大切なのが、自分の性格や考え方の傾向、なぜうつ病になったのか、ということを理解することです。

自分の考え方や行動をふり返ると、どのように自分が追い詰められていったのか、どのような考え方が自分を苦しめていたのかが少しずつ見えてくるのです。私の場合もこの本を書いたことで自分の性格、行動パターンをふり返ることができました。

自分が、きまじめすぎる性格であれば、「過ぎたことは仕方がない」「なるようになる」といった考え方ができるようになれば、生活がかなり楽になるはずです。

うつ病を悪化させないためにも、再発を防ぐためにも、精神療法はとても大切なのです。

●休職中の生活

休職に入ってから3ヵ月ほどは、ほとんど外出ができませんでした。

頭痛がして、体がだるく、日中もベッドで横になっていることが多かったです。ただ、ベッドで横になっていても強い焦燥感があり、じっとしていられません。家の中をうろうろしたり、いらいらして涙ぐんだりすることが続きました。

このような状態の時は、食欲が低下し、文字を読んだり、テレビを観たりすることができなくなります。何をするのもおっくうなのです。そして、何ごとに対してもやる気がもてず、ただ寝たり、起きたりを繰り返すばかりでした。

そして3ヵ月を過ぎたころから、少しずつテレビを観ることができるようになりました。それでもバラエティ番組などの声や音がうるさいものは観ることができません。そこで、レンタルビデオで借りた海外ドラマを観ていました。

海外ドラマはシリーズものがほとんどで、作品によっては何十話もあります。有り余る時間をどう過ごせばよいか分からなかった私にとっては、海外ドラマは大きな助けとなりました。

その後も外出はあまりできませんでしたが、週に1度の通院と、母が入院している病院への面会にだけは行くことができました。母の病気がうつ病の一因になっていることは先にも述べましたが、何もやる気が起こらない状態でも3日に1度は、母のところに通っていました。今ふり返ると、このころになっても、私の心のなかには母への強いこだわりがあったのだと思います。

半年ほどすると、食料品などの買い物に妻と一緒に出かけられるようになりました。しかし、できるだけ知っている人に会わないように、自宅や勤務校から離れたスーパーを選んでいました。素顔のままで外出できる精神状態ではなかったので、サングラスなどをして変装しているような状態でした。

店内に入っても気になることは、「知り合いはいないか」ということばかりでしたので、外出することで気分転換になることはあっても、気が休まることはなかったように思います。

買い物やドライブなどができるようになっても、休職中は外食することができませんでした。「食事している時に知り合いが店内にいたら逃げ場がない」という恐怖感が強く、とても店に入れなかったのです。結局、休職している間は一度も飲食店に入りませんでした。

このころの私は、医師に勧められ日常の気持ちを日記に記しています。頭の中で考えても整理できないことが、日記を書くことで客観的に考えることができるようになるため、治療に有効ということでした。

以下は、うつが一番辛かったころの日記の内容です。一部を紹介します。

【10月15日】
朝、目が覚めるとゆううつな気分が強い。何が原因かは分からないが、不安で、じっとしていられない感じが続いた。ベッドに寝てもじっとしていられないし、テレビを見ても集中できない。一日中不安で仕方がなかった。

【10月17日】
今日は、すごく体がだるく、重い。体が自分のものではないような感覚になった。このような状態になると何もすることができない。一日中ベッドに入っていた。ベッドに入っていても眠ることもできない。さまざまなことが頭をよぎって不安になる。そしてできない自分にいらだちと情けなさを感じる毎日だ。でもこの体の状態では、何もできない。今はじっと耐えるしかないが、全く先が見えない。

【10月18日】
今日も引き続き、体がだるかった。これはうつ病の症状なのか、薬の副作用なのかよく分から

ない。昨日よりも不安感は少ないためか、眠気が強い。午前中はずっと眠っていたようだ。これから、どんどん日が短くなる。日が長いと、自分が働いていないことを考えてしまうので、早く冬になってほしい。夜になると少し、気分が落ち着く気がする。

【10月22日】

通院日だった。先生に1週間の様子を話し、体がだるくてまったくやる気が起きないことを話した。先生からは「もう少し気持ちが上がらないといけない」ということでさらに漢方薬を処方された。家に帰り薬を見ると、かなりの量になってしまった。これを飲んでいてもあまり良くなる気がしないし、副作用の不快感も強い。この状態がいつまで続くのか。このごろはちょっとあきらめ気味な気がする。

【10月25日】

母の病院へでかけた。今日は少し顔色がよいように見えた。話しをすることはできないが、足をもんだり、髪をとかしたりすると気持ちよさそうな顔をする。少しほっとする。母の様子を見て具合が悪いとすぐに落ち込んだり、涙がでたり、自分の心は母親の状態で大きく左右されてしまう。このような状態では病気は治りにくいのではないか。ただ、病院に行かないことはできないし、心の揺れも止められない。どうしたらいいのか自分でも分からない。

【10月30日】

学校から、電話があった。ここ数日、そろそろ電話が来るのではないかと落ちつかない日が続いた。電話が鳴るだけで不安になったり、それが気になって眠れなかったり。どうして自分の心はこんなに弱いのだろうか。薬を飲むとこの心が不安なことを感じなくなってくれるのだろうか。不安な状態がずっと続いているからか、自分が良くなるイメージがなかなか持てない。家族からは「悪い方に考えない方が良い」と言われるがこればかりはどうしようもない。１日が長すぎて、どうやって過ごしたらいいのか分からない。

【11月2日】

今日は、少し気分が良かった。妻と一緒に食料品の買い物に出る。帽子だけで、サングラスとマスクはなしで買い物が出来た。ほんのちょっとだが、気持ちが楽になると体調も良くなる。こんな日が続くといいのだが、必ずまた落ち込む日がやってくるのであまり期待しないようにしよう。今日はおいしくご飯を食べることができてとてもうれしかった。明日も気分良く起きられるとうれしい。

【11月5日】

ここ数日、ずっと眠い日が続いている。薬の副作用なのかも知れないが、眠いときと眠くないときが周期的に訪れている気がする。最近はあまり学校のことを考えなくなった。考えなくなってからは少し気分が楽な気がする。一番辛いのは、じっとしていられないほど焦燥感が強いときだ。今日のように眠気が強い方が一日を過ごすことが楽なので、眠っていられる方がずっといい。

これが辛い時期の日記です。状態が回復した今、読み返しても心が苦しくなります。

現在、うつ病に苦しんでいる方は、私と同じような症状に苦しんでいるかもしれません。でもこのような精神状態はうつ病の症状ですので、治療を続けるうちにだんだん良くなっていくのです。

●うつ病になると人間関係も失ってしまう

休み始めた当初、一番気になったことは「周りの人からどう思われているか」ということでした。「あの人は、もう終わった」とか「一度うつ病になると復帰できない」などと言われているのではないかと、周りの人の反応を想像しては落ち込んでいました。

子どもたちを最後まで担任することができなかったことへの罪悪感も強かったです。はじめは、「自分がいなくなって子どもたちは困っているのではないか」という心配が大きく、それが後悔に繋がっていました。子どもたちのことを考えては申し訳ない気持ちでいっぱいになり、涙があふれました。

それからしばらくすると、「自分がいなくても何も変わらないのではないか」「自分がいない方が子どもたちは幸せだったのではないか」という無力感や自己否定が強くなってきました。

このような答えの出ないことを延々と考え続ける日々が長く続きました。

うつ病で休職していて辛いのは、同時に人間関係も失ってしまうことです。休職の時に失った人間関係のほとんどは現在でも回復できていません。当たり前のことですが、休職の期間中は、友だちや同僚に会うことはできません。もっとも「会いたい」という気持ちも起きないのですが……。

相手にしても、うつ病で休職している人に対しては「心配だけど、連絡をとりづらい」という気持ちもあるでしょう。同じ休職でも「精神に関わる病気」に関しては周りの人も腫れ物に触るような対応になってしまうのは仕方のないことです。

結局私は、休職した1年半の間、家族以外の人とは誰とも会いませんでした。これだけ長い間連絡を取っていないと「自分は必要のない人間だ」とか、「もう世間から忘れられている」というネガティブな発想になってしまうのです。

しかし、それよりさらに辛いのは、休職中にどうしても会わなくてはならない人がいることです。たとえば、母の主治医に呼ばれたり、親戚が訪問してきたりすることです。そのような場合は、人に会う数日前からそのことばかりが気になってしまうのです。そのため寝不足になってしまうことも多く、人に会っても疲れて、翌日から寝込むことが何度もありました。

こうしたことを繰り返すうちに「できるだけ人に会いたくない」という気持ちがさらに強くなってしまうのです。

今、うつ病に苦しんでいる方のなかにも、私と同様に「うつ病であることを人に隠しておきたい」「人とはできるだけ会わないようにしたい」と考えている方がいると思います。しかし、私の場合、後で冷静になってみると、「周りの人に自分の状況を知ってもらった方が楽だったかもしれない」と考えるようになりました。

その方が結果的にずっと楽に過ごせるし、うつ病になったことを自覚でき、治療に専念できたのではないかと思われるからです。

●1年半後に退職を決意

私は、休職してから1年半後に退職を決意しました。

私は、以前から「精神の病気で休むくらいなら、退職を選んだ方がいい」という思いこみがありました。今ならこの考え方は偏った考えであると分かっていますが、学校現場には未だにこのような「うつ病」に対する偏見が残っているように思います。

うつ病は、他の病気のように明らかな症状がないので、本人が申告しない限り、周りの人が気づくことは少ないのです。だから、うつ病を患っているせいで「やる気が出ない」「仕事の能率が上がらない」という症状が出ていても、周りからは「怠けている」「能力が足りない」と見えてしまうのです。

私の同僚もこれまでに数名、精神の病気で休暇を取った人がいます。そういう人は、その後、担任を受け持たせてもらえなかったり、「精神の病気を患った人」というレッテルを貼られてしまったりします。このような実態が「うつ病」への偏見を生む原因になっているのだと思います。

ですから、今、うつ病に苦しんでいる方には、ぜひとも復職をめざしてほしいと思いますが、退職をするかどうかの判断も状態が良くなってから行ってほしいと思います。

うつ病を患っている時は、ものごとを悲観的にとらえるようになってしまうからです。

私は、今では退職を選んだことを後悔していませんが、もしうつ病に対する正しい認識をもっていれば、復職することを目標にしていたかもしれません。退職間もないころは、「学校をやめなければよかった」という気持ちがあったのも事実です。


私は教師としての仕事に全力で打ち込んできたと自負していただけに、やりがいを感じていたことや楽しかった思い出などがよみがえり、「あの時が一番よかった」という後ろ向きの感情がわいてくることがあります。

しかし、このような感情は自分を苦しめるばかりで、全く生産的でないということがわかってきました。それでも、眠れない夜や小学校の近くを通るたびに昔を思い出してしまいます。


今、教師をやめて3年以上が経過しましたが、やっと「教師をやめなければよかった」という気持ちがなくなってきました。こうなるまでには長い時間がかかりました。そして、生きるための新たな目標を見つけることが大切であるということに気づいたのです。

うつ病を患ってからは辛く、苦しい日が続きましたが、それによって学んだことも少なからずありました。家族の存在や健康の大切さなど、この間学んだことを大事にすることがうつ病を患ったことを受け入れるために必要なことだと感じています。

●ついに訪れた母親の死

私のうつ病が好転するきっかけになったのは、皮肉にも母親の死でした。終末医療の病院に入院した後、母にはさらなる試練が訪れていました。

パーキンソン病の悪化と老化のため、寝たきり状態になってしまいましたが、寝たきりになってからも二度脳梗塞を発症し、その後、喉のガンも患いました。

終末医療の病院ですので、積極的な治療はしません。医師から説明を受けて、母の病状を見守ることしかできませんでした。

このころの私の症状は一進一退でした。うつ病は、状態の良い時と悪い時が波のように交互にやってきます。母親の病状説明のために医師に呼ばれたり、面会に行ったときに母の具合が悪そうだったりすると、一気に落ち込んでしまいます。このような不安定な状態が続いていました。

母親の喉のガンは、リンパに転移し、喉から顎にかけての皮膚がただれていました。その様子を見るだけで胸が締めつけられました。
ガンを患ってから1年ほどしたころ、母の全身がむくんできました。医師からは、そう長くない旨を伝えられました。

そして2014年1月、母は永眠しました。

●母の状態に左右された私の病気

母の終末医療の病院での入院は5年に及びました。母が亡くなった直後は葬儀の準備などに追われ、気持ちも張り詰めていましたが、それが落ち着くと私の状態もまた悪化してしまいました。その状態は1ヵ月ほど続きました。

母の死をだんだん受け入れられるようになったころから、私の状態は徐々によくなってきました。今まで、母の病状に一喜一憂させられていた自分から、ようやく解放されたようでした。その後は、調子の波を繰り返しながら、だんだん状態が良くなっていきました。

これまでのうつ病の治療経過をあらためてふり返ってみると、私の病気は母親の状態に大きく左右されていたことがわかります。父親が長く単身赴任で、ずっと母の苦労を見続けてきた私にとって、母親の存在はとても大きかったのだと思います。

母親の死から1年以上が過ぎ、今はうつ病の症状もほとんど治まってきました。「これから仕事を頑張りたい」「人生をリスタートしたい」という意欲も出てきました。

うつ病を患っている人にはその人なりに、心に負担をかけていることがらが存在していると思います。しかし、生きている限りストレスを完全になくすことはできません。ですから、心配事やストレスとうまく折り合いをつけながら生きていくことが大切です。その対処の仕方を学ぶことも、うつ病治療には必要なことなのです。

●もし、時間を巻き戻せるなら

私はうつ病を発症し、教師を退職するに至りました。その私が、「もし、時間を巻き戻せるならば」ということを記すことは、きっと、今うつ病を患っている方の参考になることでしょう。

「もし時間を巻き戻せるなら」。その答えは、一つしかありません。それは、どのタイミングでもよいから「もっと早く治療を始めるべきだった」ということです。

まずは、心と体の変調を感じた時です。学校へ行くのがおっくうだと思い始めた時、人と話すのが怖くなった時、頭痛やめまいを感じ始めた時等々、たくさんのタイミングがありました。しかし、そのときどきに、「ちょっと調子が悪いだけだ」とか「今は忙しいから」などと理由をつけ、先延ばしにしてしまったのです。もし、もっと早く治療をしていればという後悔は一生消えることはないと思います。

そして、治療を始めてからも、治療に専念できたとは言えませんでした。自分がうつ病であることをなかなか認められなかったからです。うつ病は孤独な病気です。体の病気とは違い、症状がはっきりせず、周りの人にも相談しにくいのです。

うつ病であることを自覚していないので、治療に身が入りません。「自分は正常なのに」と思っているうちは、なかなか病状は好転しません。

この本を読んでくださっている方の中には、うつ病の治療をしている方や自分がうつ病かもしれないと思っている方がたくさんいると思います。その方々にぜひ伝えたいことは、うつ病は治る病気だということです。しっかり治療をすれば完治するのです。

ですから、まずは自分がうつ病であることをしっかりと自覚してください。自覚することがうつ病治療のスタートと言えるのです。

《コラム》

家族への感謝を忘れないこと

うつ病になると気が滅入るだけでなく、さまざまなことができなくなったり、自分に対して否定的になったりします。時には自分を責め、「自分には生きる価値がない」と激しく落ち込むこともあります。

そんな様子を毎日見ている家族は、さぞかし辛い思いをしていることでしょう。それでも、本人が落ち込まないように、苦しまないように心をくだいて接しているはずです。

教師のように日々忙しく働いていた人が、突然うつ病になり、働けなくなってしまうのです。家族が「何とかしてあげたい」と思うのは当然のことでしょう。

私の経験から言うと、うつ病の症状がひどい時は、家族のことを思いやる余裕はありません。家族の言葉に不必要にいらだったり、落ち込んだりすることもあります。

妻によると、私がよく口にしたのは「今までで一番苦しい」ということだそうです。そのたびに妻は、「そんなことはないよ。だんだん良くなっているよ」と声をかけてくれました。

その言葉を素直に受け取れる時もあれば、そうでない時もありました。

でも、いつもそばにいて私の様子を観察し、言葉をかけ続けてくれたことは本当に幸せなことだと思います。妻には言葉で言い表せないほど感謝しています。

家族にうつ病患者をもつことは、精神的にとてもハードなことです。もし、あなたが今、精神的に辛い状況なら、家族のことを気遣う余裕はないでしょう。

しかし、頭の隅にこのことをしっかりと置いておいてほしいのです。そして、状態が良くなった時、心に余裕がもてた時に、家族に「ありがとう」と伝えるのです。

うつ病は家族の絆さえ壊してしまうことがあります。そうならないためにも、家族への感謝を忘れないでほしいのです。

第6章　今、心が苦しい先生へ

●自分の仕事ぶりを見つめ直してみる

本章では、今、自分の心と体について「ちょっとおかしい」と感じている方々へ、ぜひ気をつけてほしいこと、実践していただきたいことを書いていきたいと思います。

まずみなさんにわかってほしいことは、教師は本当に多くのストレスにさらされているということです。

教師の仕事は忙しいです。とくに学級担任は一日中息つく暇もなく働いていると思います。授業中はもちろんのこと、放課後も連日のように会議があり、提出書類も山のようにあります。給食の時間もゆっくり食べている暇もないはずです。

それに加え、学級内にトラブルが起こったりしたら子どもたちへの対応や保護者への対応など、予期せぬ仕事が増えてしまいます。

また、職場内の人間関係もストレスになります。学級担任は一国一城の主のように言われますが、実際には同僚や上司などとのかかわりも多いです。人とかかわればそれだけ気を遣いますので、人間関係がうまくいっていない場合は大きなストレスになるのです。

教師は、このようなストレス過多な環境にいるわけですから、いつ心が疲れてしまっても不思議ではないということです。教師は、子どもたちの変調には敏感ですが、自分のことは後回しにしがちですので気をつけなければいけません。

「最近疲れているから」とか、「歳のせいかも」などと、自分の変調に目をそらしてしまいがちですが、たまにはゆっくりと立ち止まって自分自身を見つめ直してほしいと思います。

もし、みなさんが何ごとに対してもおっくうだったり、すごく疲れやすかったり、仕事に行きたくないと感じたりしたら、自分の仕事ぶりを見つめ直してみるといいと思います。

私の場合は、一番好きなことは「休み時間に子どもたちとサッカーをすること」でした。それがだんだんおっくうになっていくのを感じていました。

「歳を取ったからかな」と考えていましたが、実はそうではありませんでした。今ふり返ってみると、サッカーだけではなく、その他の仕事に対しても、私生活の趣味などにも意欲がなくなっていたのです。

もちろん、歳を重ねることで疲れやすくなったり、体を動かしにくくなったりすることはあると思います。でも、今まで好きだったこと、夢中だったことがおっくうになるようであれば心の変調を疑ってみることが大切だと思います。

教師にとって大切なことは、子どもたちのために働き続けることです。ですから、現在の自分の働き方と理想の自分の働き方にギャップを感じるようになったら、立ち止まって、ふり返ってみてください。

働き方に無理があれば、今は大丈夫でもいつかは心や体の病気につながってしまうかもしれません。

「自分は大丈夫」と高をくくらず、自分自身の変化に敏感でいること、それがうつ病を未然に防ぐための第一歩なのです。

●眠れないことが最初の危険信号

私の体に起こった最初にしてとても辛かったうつ病の症状は、夜、ぐっすりと眠れないことでした。

うつ病患者には、不眠は必ずと言っていいほどみられる症状だそうです。不眠が続くと、うつ病が悪化してしまうことも分かっています。このため、うつ病の治療において、眠れない、眠りが浅い、朝早く目が覚めるといった不眠の症状がある場合は、早い段階で適切に対処することが、大切だと言われています。

うつ病の不眠の特徴は、夜ゆっくりと眠れなかったり、朝目覚めても気分がスッキリしなかったり、もっと長く寝ていたいのに、なぜか明け方に目が覚めてしまってから眠れずに悶々とするといった状態になることが多いようです。私の場合も寝つきが悪く、夜中に何度も目を覚ますようになりました。

このような夜が続くと、だんだん床につくことが怖くなってきます。「眠れなかったらどうしよう」「眠れなければ学校で調子が悪くなる」という悪いイメージばかりが湧いてきて、さらに眠れなくなってしまうのです。眠れないことで体調が悪くなり、さらにうつ病が進行してしまったという感覚がありました。

この段階になってしまった方には、私は睡眠導入剤を飲むことをすすめます。薬を飲むことに抵抗のある方もいると思いますが、経験上、不眠に悩むよりは薬を飲んででも寝た方が、心と体のためにはずっとよいのです。私は睡眠導入剤を飲むことで眠りに対する不安がかなり軽減されました。

●仕事が抱え込まず、周囲に相談する

休職する直前のころは、学級担任をしていても思ったように仕事をすることができませんでした。いつも体調が悪く、物忘れがひどくなり、注意力も散漫になりました。自分の仕事の質がいちじるしく低下していることも自覚していましたが、そのことを周りの人に相談することができませんでした。

その理由は二つあったと思います。

一つは、教師としてのプライドです。20年以上学級担任としてそれなりの仕事をしてきたプラ

イドがありました。だから、他の先生から「弱い人間」「仕事ができない人間」と思われるのがいやだったのです。

もう一つの理由は、教師の仕事は他人に任せにくい仕事だからです。とくに学級担任は、一人ひとりの子どものさまざまな事情や性格などを理解して指導しています。ですから、「自分でなければできない」という意識が強いのだと思います。私も「休んだらこの子たちが困るだろう」という気持ちで一杯でした。ですから、毎日ため息をつきながらもギリギリの状態で仕事をこなし、何とか「夏休みまで頑張ろう」と決心して無理をおしてやり通したのです。

ところが、休職してみて気づいたことは、皮肉にも「私がいなくても何とかなる」ということでした。もちろん学級担任の私が仕事をし続けることに越したことはありませんが、うつ病で体調が最悪のなかで仕事を続けるよりも、仕事を減らしてもらったり、休みをもらったりして、体調を万全に整えてから学級担任としての仕事を頑張ればよかったのです。

もし、あの時、周りの人たちに相談して仕事を分担していたら、あそこまで状態は悪化していなかったかもしれません。もし、みなさんにも私と同じような状況があったとしたら、まずは周りの人に相談することをおすすめします。

●自分の状態をチェックしてみよう

うつ病は、精神症状だけでなく身体の不調として現れることもあります。前述しましたが、このような精神症状があまりないタイプは、身体症状という仮面をかぶっているという意味から「仮面うつ病」と呼ばれています。

仮面うつ病の身体症状で代表的なものは、不眠や疲労感・倦怠感ですが、その他にもさまざまなものがあります。私の場合は、頭痛、倦怠感、めまい、動悸などが起こり、それが慢性化していました。

一方で体調不良が続き、さまざまな検査をしても何も原因が見つからないことがあります。このようなときは、うつ病が隠れていることが多いようです。このような場合は、うつ病を治療することにより身体症状が良くなることがあります。

身体症状のみの段階までは、患者はもちろん、医師も体の病気と考えてしまいがちです。それほど、うつ病の診断はむずかしいものなのです。

そこで、私がおすすめするのは、チェックリストによる自己診断です（104頁のコラム参照）。

このチェックリストを使って家族に診断してもらうと、さらに効果的です。家族は、自分よりも客観的に観察してくれるので、より正確に判断ができるのです。

●精神科を受診してみよう

前述のチェックリストで当てはまる項目が多いようなら、ぜひ精神科を受診することをおすすめします。

精神科を受診することに対する抵抗は一般的に強く、「精神科に通うのはいやだ」とか、「精神科で知り合いにあったら困る」などと考える人も多いと思います。しかし、うつ病の症状が出ているのにそのままにしておいてはいけません。

どうしても「精神科には行きにくい」という方には、心療内科がおすすめです。うつ病が原因で起こる症状に注目して、心と体の両面から診断・治療を行う心療内科も増えているようです。また、不眠が伴う場合には、はじめに睡眠クリニックを受診するのもいいと思います。

精神科を受診できないからといって、そのまま放置しておくのが一番よくないことです。ぜひ、これらの医療機関を受診してほしいと思います。

一方で、うつ病の治療では症状がひどくない限り、薬を服用し、働きながら治療することも十分に可能ですので、きちんと医師に相談することが大切です。

●「休むことは悪いこと」という発想を捨てる

うつ病を発症する時は、脳が疲れ果ててしまい、エネルギーが著しく低下した状態になっているそうです。だから、たっぷりと休養をとって脳を休ませることがとても大切です。

しかし、うつ病になりやすい人は、もともとまじめで几帳面、仕事熱心で責任感の強いタイプに多いのです。ですから、休養をとることは気持ち的に簡単ではないでしょう。

私も仕事にきまじめに取り組むタイプでした。学級担任をしていると、平日に職場を休むことに抵抗があるものです。子どもたちに自習をさせるにしても、自習計画を立てたり、プリントなどを準備したりしなければなりません。教務主任などの手を煩わせることにもなります。そう考えると、なかなか休みを取ることができませんでした。

しかし、体が限界を超えているにもかかわらず休養を取らないでいると、さらに症状を悪化させてしまうことにもなりかねません。

このように「仕事を休んではいけない」という考えをもつ人はうつ病を発症しやすいタイプの性格です。今回は何とか休まずに乗り切れたとしても、こういう考え方をしている限り、うつ病を発症する危険性は高まるのです。

自分の考え方が自分自身を追い込んでしまうこともあります。「少し休んでからまた一生懸命頑張ろう」というように心に余裕をもつことも必要なのです。

●うつ病になりやすい人の考え方や性格

ある人がうつ病になると、周囲の人は「あの人は几帳面でまじめだから」「仕事好きで責任感が強い人だから」「あの人はストレスを溜めやすい性格だから」と無意識に性格のことを言う場合が多くあります。

このように、心の病に性格が影響しているという考え方は、かなり以前から一般的にも知られていました。そして、ストレスをうまく処理できるかできないかは、その人の考え方や性格によるところが大きいのではないかと考えられているそうです。

学校現場は、忙しくストレスの要因にあふれています。このストレスを上手く処理できなければば、心に負担がかかるのは明らかなことです。

うつ病になる人は、考え方に癖や傾向があります。ここでは、その特徴をあげたいと思います。もし、自分がうつ病になりやすい性格や考え方をするタイプで、しかも「最近、ゆううつになる」などの症状があれば、一度専門医に相談してみるとよいと思います。

【うつ病になりやすい人の考え方や性格】

・神経質で几帳面
・仕事を他人に任せられない
・良い出来事でも、ネガティブに受け止める
・道徳観が強く、義理人情にあつ過ぎる
・完璧主義者、潔癖主義者
・ひとつの失敗を、すべてに当てはめる
・理想主義者（理想や目標が高すぎる）
・がんこで融通が利かず、その場に応じた臨機応変さがない
・人に頼まれると断れない
・「自分さえ我慢すれば」とよく思う

・まじめで何事にも熱心、責任感や義務感が人一倍強い
・自分の感情や考え方、思いをうまく相手に伝えられない
・他人の評価が気になり過ぎる

●落ち込みが来たら、静かにやり過ごす

図3は、私の経験と専門書をもとに作成したうつ病経過のイメージ図です。ここでは「急性期」「回復期」「再発予防」と書きましたが、専門家によって呼び名はさまざまあるようです。

ここで大切なのは、うつ病の治療を始めたとしても（順調にいったとしても）、症状が一直線に回復するのではないということです。精神症状、身体症状、気分など、すべてに波があります。とくに回復期の波は振り幅が大きいそうで、「せっかく症状がよくなったと思ったのにズドーンと落ちてしまった」と感じることがよくあります。

私の主治医からも「うつ病の回復はのこぎりの刃のようなもの、ぎざぎざを繰り返しながらだんだん良くなっていきますから、焦らないで治療していきましょう」といつも言われていました。

このように浮き沈みを繰り返すなかで、回復を感じられなかったり、激しく落ち込んだりした時は、絶望的な気分になります。しかし「また良い時が来る」と信じて、うつの波をやり過ごすしかありません。

一般的に急性期は1～3ヵ月と言われますが、治療に必要な期間は人それぞれです。

この期間に「人と会いたくない」「何もしたくない」と思いながらも激しい孤独感や焦燥感が出たり、先の見えない不安感、絶望感に襲われて布団の中にこもったりしてしまうことも多いはずです。一番苦しい時期です。

でも、治療をきちんと続けていけば、うつ病は確実に良くなっていくはずです。ぜひ、家族にも協力してもらい、状態が悪化しているのか、良くなっているのか常に把握しておくようにしましょう。

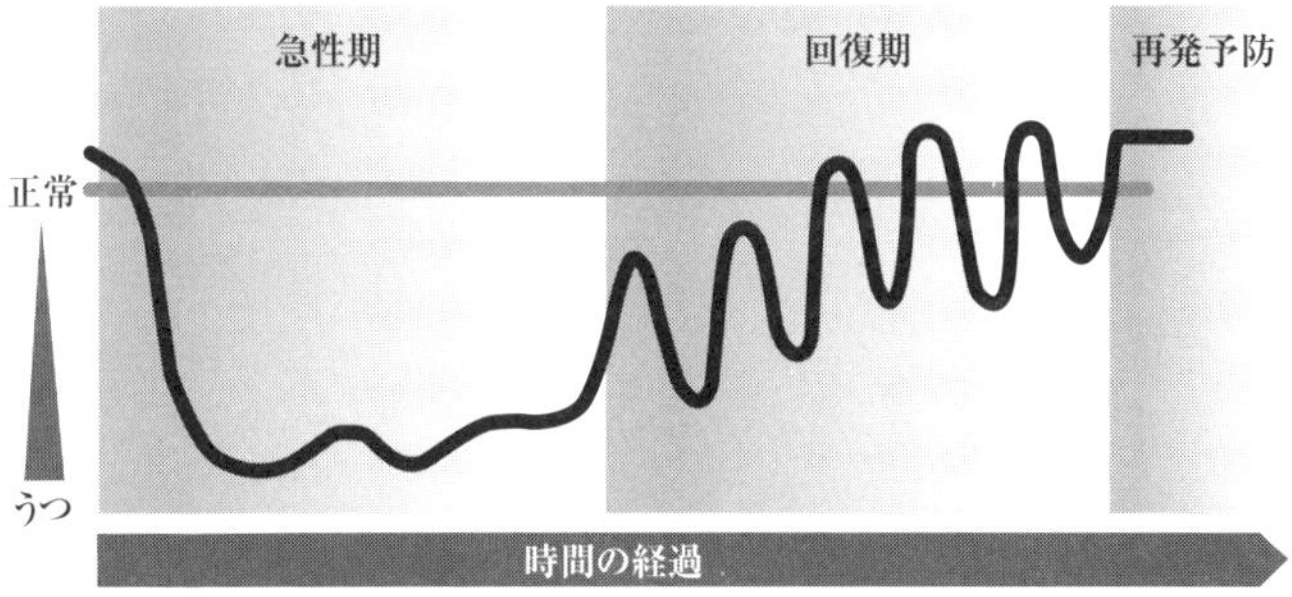

図3　うつ病の経過

●私が日々実践していること

ここからは、うつ病になってから、そして回復した今でも続けている、「私のうつ状態を悪化させない方法」を紹介しておきます。

【心がざわつくことを避ける】

治療をつづけているうちに、どんなことをすると心がざわついたり、疲れたりするのかだんだん分かってきます。私の場合は、「人と会うこと」と「電話に出ること」でした。

うつ病の症状がひどい時は、そもそも人と会いたくないのですが、ちょっと調子が良くなると友だちなどの親しい人に会いたい気持ちが起こります。

たまに気心の知れた人に会うと、沈んだ気持ちがハイになり、張り切ってしまうこともありました。その時は楽しいのですが、翌日にはどっと疲れが出て2～3日寝込んでしまいます。ですから、自分の状態に合わせて、あえて行動をセーブすることも大切です。

もう一つ、私がずっと苦手にしているのは電話に出ることです。電話の着信音が鳴るだけで、心臓がどきどきして、胸が締め付けられるような感じになります。

電話をかける時も同じです。どうしても用事があって電話をかけなければならない時も、電話をかける2~3日前から調子が悪くなります。

何とか電話をかけてしまうと話すことができるのですが、大変な苦労でした。「やっぱり電話はだめだ」と気づいてからは、いろいろ対策を立てました。

まずは、電話の着信音のボリュームを低くし、電話には出ないことにします。そして、できるかぎり電話ではなくメールやファックスを活用するのです。これだけで、かなり電話をかけなくてもすみます。

極力電話を使わないようにすると、心の負担が大きく減りました。

心が疲れているときは、自分の苦手なことをできるだけ遠ざけ、心を休ませる工夫をすることも大事です。

【深酒を避ける】

基本的に抗うつ剤を飲んでいる間はお酒を飲まない方が良いです。しかし、私はお酒を飲むと一時的に気分がよくなり、不安感や抑うつ感が少し和らぐので、ついつい飲んでしまいました。これが常習化し、お酒の量がどんどん増えていきました。

主治医によると過度の飲酒は絶望感や孤立感を強めたり、他者だけでなく自分自身への攻撃性を高めたりすることがあるので注意が必要だそうです。

さらに、うつ病の人が飲酒を続けていると、うつ病が悪化してしまうことがあります。それがさらなる大量飲酒につながり、最終的には自殺行動に至ってしまう場合もあるそうです。

また、寝酒は入眠を良くするものの、睡眠の深さが浅くなり、中途覚醒（睡眠の途中で目が覚めること）が増加したり、延長したりするそうです。かんたんに耐性がつくられて、アルコールの量を増やさないと眠れなくなってしまうこともあります。ですから、質の良い睡眠をとるためには、アルコールの力を借りない方がよいでしょう。

ところで、私は最近はお酒を飲んでいません。お酒を飲まなくなってからは体調がすごく良くなりました。みなさんに、断酒をすすめるわけではありませんが、うつ病治療中はできるだけ控えた方がよいでしょう。

【規則正しい生活をする】

うつ病の症状が落ち着いてからは、健康的な生活を送るために、規則正しい生活習慣を心がけています。規則正しい生活を送れるようになると、体の不快感が減り、疲れにくくなるのです。

では、具体的にはどのようにして規則的な生活習慣に改善していけばよいのでしょうか。

まず必要とされるのが、１日の生活リズムを整えていくことです。基本は、早寝早起きと、三食決まった時間に食事を摂ることです。

うつ病になると、どうしても朝が苦手になり夜型の生活になりやすいのです。でも、だんだん症状が良くなってきたら、それほど早い時間でなくてもよいので、同じ時刻に起きるようにしましょう。

また、朝食は必ず食べるようにします。三食、同じ時間に食事を摂るようにする、毎食同じくらいの量を食べるようにすることなどに気を配りましょう。そして、これまでの自分の食生活で問題がある点を徐々に直していくとよいです。

昼間十分に活動できるようになると、夜は自然に眠くなります。このような規則正しい生活習慣を目標にしましょう。

【自律神経を整える】

ここでは、うつ病とも関係の深い自律神経について説明します。

自律神経は、自分の意志や意識で働かせることのできない神経です。心臓の動き、血圧、食べ物の消化、体温の調節など、生命を維持するうえで重要な体の機能をコントロールしているのです。

自律神経はさらに交感神経と副交感神経の二つに分けられ、交感神経と副交感神経はそれぞれ反対の働きをしています。運動をしている時、心臓の拍動は速くなり、汗が出ます。このように、体を活発に活動させる時に働く神経が交感神経です。

これに対して、副交感神経は、体がゆったりとしている時に強く働きます。食事中や睡眠時など体を落ち着かせているときに強く働くのです。

ところで、「自律神経失調症」という病名を聞いたことはありますか?

この「自律神経失調症」の定義や概念については多くの考え方があり、正式な病名ではないそうですが、自覚症状があるのに検査をしても異常が見つからないときに自律神経失調症と診断されやすく、うつ病の入口とも言われています。

うつ病の症状として、不眠症や体重の減少や増加というのもありますが、これは自律神経失調症の時にすでに出ている体の症状になるそうです。

　このように自律神経の乱れとうつ病には深い関係があるのです。


　ここで、私が自律神経を整えるために実践していることを紹介しましょう。

　まず、一つ目は入浴です。38度〜40度くらいのややぬるい温度にゆっくりとつかりリラックスします。時間は30分くらい入浴しています。

　そして、最後に冷水シャワーを浴びるのです。すると、体がスッキリ目覚める感じがして気持ちがよいのです。血圧が高い方や心臓が悪い方にはおすすめできませんが、私のお気に入りの入浴法です。


　二つ目は運動です。運動をすると自律神経の働き自体が高まると言われています。私は夜、できる範囲でウォーキングを続けています。

　体を動かすと筋肉がほぐれて血行がよくなりますので、栄養や酸素が行きわたりやすくなり、疲労物質や老廃物も排出されやすくなります。

　また体の内側の筋肉もきたえられるので、呼吸器系や循環器系など内臓の働きも活発になって、副交感神経が働きやすくなるそうです。さらに汗をかくことが増えると「体温調整」という自律神経の働きも高まります。

三つ目は、朝に太陽の光を浴びることです。毎朝太陽光を浴びると、脳内の神経伝達物質であるセロトニンが自律神経に働きかけ、交感神経を刺激して脳を覚醒させてくれます。

うつ病を発症する原因の一つに「セロトニン」と呼ばれる脳内物質の不足が挙げられていますが、太陽の光を浴びることによってセロトニンの分泌量を増やしていくことができるようになるとも言われています。

ですから、太陽の光を浴びることは、自律神経を整えるだけでなく、直接的にうつ病予防となるわけです。朝日を浴びることで一日の生活リズムも整えられていきますから、健康的な生活を送るきっかけにもなります。

【気分転換の方法を見つける】

うつ病の状態が良くない時は、気性が激しくなり、自分の感情をコントロールできないことがあります。また、倦怠感や脱力感がひどく、無気力状態で寝たきりになってしまうこともあるでしょう。

しかし、少し良くなると、今度は起きていられるけれど「何をしていいのかわからない」という状態になります。だまっていると、時間が過ぎるのがとても遅く感じられ、ネガティブなことばかり考えてしまいます。ですから、気分転換になったり、時間をつぶすことができることを見つけておくことも大切です。

私の場合は、「海外ドラマ」を見ることでした。海外ドラマは、シーズン３など何年も続いている長編ドラマがあります。それらを見ていると、時間を過ごすことができるし、面白いドラマに出会うとそれを見ることが楽しみになるのです。私は、レンタルビデオ屋にある海外ドラマはすべて借りたのではないかと思うほど、毎日見ていました。おかげで、果てしなく長く感じられる毎日を何とか乗り切ることができました。

もう一つ、気分がイラついたり、不安になったりした時の習慣があります。それは、カモミールティーを飲むことです。カモミールティーには不安感を和らげ、気持ちをリラックスさせる作用があると言われています。リラックスできるので不眠にも効果があるとされています。

最近では、温かいカモミールティーの香りをかぐだけでリラックスできるようになってきました。不安な時やイライラした時などは、温かいカモミールティーがおすすめです。

●「必ず回復する」と信じ続けること

うつ病を患っていた時の気持ちを表すなら、光の見えない、暗く長いトンネルをたった一人で歩いているような感覚でした。出口が見えない道のりに疲れ果てて、今にも倒れてしまいそうな状態でした。

病院の先生や家族から「少しずつ良くなっている」と声をかけられても全くそうは思えませんでした。

それでも今だから言えることとは、必ず出口は見えてくるということです。そして、早く出口にたどりつくためには、適切な治療をできるだけ早く始めることしかありません。

もし今あなたがうつ病を患っていて、「このまま治らないのではないか」とか、「もう学校へ行きたくない」などという考えが浮かんできたとしても、それはうつ病が原因なのです。うつ病があなたを悲観的にしてしまっているのです。

ですから、しっかりと治療をし、心が回復すればそのようなネガティブな考えはどこかへ消え去ってしまいます。

たとえ、今はどうしようもなく辛くても必ず回復してきます。そう信じて今の辛さを乗り越えるのです。

治療において大切なのは、納得して治療を受けることです。前述しましたがうつ病の治療は、「休養」「薬物治療」「精神療法」の3つが柱になると言われています。

とくに薬物治療には抵抗がある方も多いと思います。私もそうでした。

「こんなに薬を飲んだらおかしくなるのではないか」と思っていました。

しかし、今考えると、私のように重いうつ病の場合には、「薬物治療をしなければ治らなかった」と思います。

うつ病は今や完治する病気と言われています。人によって、症状によってスピードは違いますが治療をすれば必ず治るのです。

そのことをしっかりと心にとめて治療に専念してほしいと思います。

今、あなたが辛いのは病気のせいです。ですから、病気が治れば、あなたの心ももとどおりに戻るのです。

●重要な決断は治るまで待つ

「重要な決断は治るまで待つ」。このことが読者のみなさんに伝えたい大切なメッセージです。うつ病を患っている間は、自分のようで自分ではありません。悲観的な考えが押し寄せてきて、自暴自棄になってしまいがちです。

そんな状態で人生にかかわる重要な決断をするべきではありません。

とくに、「教師を辞める」という決断は治ってからにすべきです。「もう無理だ」、「どんな顔をして職場に戻ったらいいのか」と思っても、まずは治療をして病気を治してから考えればいいのです。早まってはいけません。

病気が治れば、もう一度やりがいをもって働いていたころに戻れるのです。ですから、みなさんには「職場復帰」を第一に考えてほしいと思います。

ところで、私にとってうつ病は人生でもっとも辛い経験でした。しかし、今は「うつ病を経験したからこそ学んだこともある」と考えられるようになりました。

学んだことの1つ目は、「自分を追い詰めすぎてはいけない」ということです。私は自分に厳しい人間でした。できないことがあると、「どうしてできないのだろう」、「最近怠けてしまうようになってだめだ」と自分を責めていたのです。

そのなかで、学校生活はどんどん忙しくなり、家庭でもさまざまな問題が起こり、どんどん自分自身を追い詰めていってしまったのだと思います。

もう少し、「今日はがんばった」、「次はもっとがんばれる」と自分自身をはげましてあげればこれほど苦しい思いをしなくてもよかったと思います。今は、少し自分に優しくなれました。

二つ目は、周りの人の気持ちを考えられるようになったことです。自分にも厳しかった私は同じように他人にも厳しかったのです。

子どもたちに対しても同様で、「がんばればできる」、「あきらめないで最後までやる」というような指導をしていました。でも今は、人にはそれぞれ事情があり、さまざまな精神状態があるということに気づくことができるようになりました。

ですから、今は無理強いすることなく、まずは相手の話を聞く。それから一呼吸置いて指導することができるようになりました。

これらのことは、私がうつ病から学んだ大切なことです。

うつ病になってしまうと、「なぜうつ病になってしまったんだろう」と後悔ばかりしてしまいます。でも、病気は必ず回復しますし、病気のなかから学ぶこともあるはずです。

ですから、くれぐれも悲観的に考えすぎず、自暴自棄になることなく、治療に専念してほしいと思います。

そして、「重要な決断は治ってから」ということを忘れずにいてほしいと思います。

《コラム》
これからの私の夢

ここでは、私の現在の活動を紹介したいと思います。

今は病気はすっかり良くなり、自宅で個別学習の塾を開いています。この塾には近所の小学校低学年から、中学校３年生までの子どもたちが通ってきてくれています。

仕事は学校が終わった夕方から夜までです。教師をしていたころに比べるととてもゆっくりとした時間のなかで毎日を過ごしています。

それでも、子どもたちと勉強したり、お話しをしたりすることは私にとってとても大切な時間になっています。

そしてもう一つの仕事は講演、執筆活動です。最近は、幼稚園の保護者会やＰＴＡの会合などから講演の依頼を受けるようになりました。その際には、私が教師として経験してきたことをもとに、学力のこと、生活習慣のことなどをお話ししています。

また、この本は私にとって2冊目ですが、3冊目の本も執筆中です。ときどき雑誌などから執筆依頼が来るようになりました。

文章を生み出すのはとても苦しい作業ですが、やりがいもあります。自分のペースを守りながらコツコツがんばっているところです。

最後に私のこれからの夢をお話ししたいと思います。

それは、私の教師としての経験、うつ病を克服した経験をより多くの人に伝えていきたいということです。

全国には、心に変調を来しながら無理をおして教職の道を歩んでいる方がたくさんいると思います。そんな方々に、私が経験してきたことをお伝えしたいと思うのです。

私が苦しんだ道をできるだけ経験しないですむように、アドバイスできたらとてもうれしく思います。

教師がうつ病を患ってしまったら、その本人だけでなく家族や学級の子どもたちも心を痛めることになります。ですから、そうならないうちに自分を守るすべをお伝えしたいのです。

うつ病を患っているときは、先が見えず、将来の夢を描くことなど全くできませんでした。ですから、こうして将来のことを考えることができること、やりがいをもって仕事に向かえることに本当に感謝しています。

おわりに

正直に言うと、この本を出版することが決まってから、執筆中も原稿を出し終わった時でさえ「本当にこの本を出版してよいのか」という気持ちがありました。

それは、「うつ病を患ったことがわかると、周囲の人から偏見を持たれるのではないか」という心配があったからです。

20代～30代の頃の私にも、実は精神疾患の教師への偏見がありました。「心が弱いからそんな病気になるのではないか」というものです。

しかし、自分がうつ病になってみてわかるのは、「心が弱いから」なるのではなく、もちろん「怠けているから」でもないのです。うつ病は、誰もがかかりうる病気なのです。

教師の仕事は、多くのストレスに囲まれています。また、そのストレスは今後さらに増大していくことが予想されます。そうなった時、今は元気だとしても、いつ、だれがうつ病に冒されるかわからないのです。

本文中にも書きましたが、私は「自分がうつ病である」という認識をもつまで長い年月がかかってしまいました。もし、「あの時に病院に行っていたら……」と思ってしまうこともありますし、実際、もっと早く治療に専念していれば今も教師を続けられていたかもしれません。

全国の教師の方々は、子どもたちのために骨身を削ってがんばっておられることでしょう。うつ病は、そんなまじめに頑張っている人ほど、優しい心をもっている人ほどかかりやすいやっかいな病です。

だからこそ、うつ病を甘く見ないでほしいのです。ときどき自分の状態、周りの同僚の状態に目を向けてチェックしてください。なぜなら早期発見・早期治療は、うつ病の完治に欠かせないことだからです。

先生方が元気でいることが、子どもたちを支え、日本の教育を支えていることを忘れないでほしいのです。

最後になりましたが、自分の半生をふり返る意味でも、うつ病から脱却したことを示す意味でも今はこの本を出版して、本当によかったと思っています。

出版にあたり、教育開発研究所の編集部の皆さんには、たくさんの助言や励ましの言葉をいただきました。この場を借りて感謝の気持ちを表したいと思います。

【著者プロフィール】

菅原　敏（すがわら　さとし）

秋田市出身。秋田県の公立学校にて22年間教員を務めたあと退職。上越教育大学大学院修了。教育学修士。

現在は、学級経営、親と教員との信頼関係について研究を続けるとともに、親向けの子育てコーチングセミナーなどを実施しながら中学生を中心にした学習指導・受験指導の個別学習塾を開いている。

教員時代は熱意あふれる教師として、よりよい学級づくりに取り組む。１年生から６年生まで全学年を担任し、常に子どもたち、親と良好な関係を築いていた。

部活動でも秋田県小学校水泳大会団体優勝、テレビ朝日「30人31脚全国大会」ベスト８など実績多数。

〈著書〉

『小学生の学力を上げる秋田県式“勉強のルール”親子でできる「家庭学習ノート」活用術』メイツ出版

今、心が苦しい先生へ——「うつ」と向き合った教師からのメッセージ

2015年８月１日　第１刷発行

著　者　菅原　敏
発行者　福山 孝弘
発行所　㈱教育開発研究所
〒113-0033　東京都文京区本郷２-15-13
TEL.03-3815-7041　FAX.03-3816-2488
URL　http://www.kyouiku-kaihatu.co.jp
E-mail　sales@kyouiku-kaihatu.co.jp
装　幀　株式会社クリエイティブ・コンセプト
印刷所　第一資料印刷株式会社

落丁・乱丁本はお取り替えいたします。

定価はカバーに表示してあります。

ISBN　978-4-87380-463-7　C3037